Galerie der klassischen Moderne
Malerei des 19. und 20. Jahrhunderts

Pierre Courthion
Utrillo
und der Montmartre

Abbildung auf dem Umschlag
Maurice Utrillo, La "Macchia" a Montmartre, etwa 1916

© by Fratelli Fabbri Editori, Mailand
© by A.D.A.G.P., Paris, für das Werk von Juan Gris und Gino Severini
© by S.P.A.D.E.M., Paris, für die Werke von:
    Giovanni Boldini, Edgar Degas, Raoul Dufy, Alphonse Quizet,
    Maurice Utrillo, André Utter und Suzanne Valadon
© der deutschsprachigen Ausgabe Schuler Verlag, Herrsching
Lizenzausgabe 1988 für
Manfred Pawlak Verlagsgesellschaft mbH,
Herrsching
Ins Deutsche übertragen von Gotthard Klewitz
Umschlaggestaltung: Bine Cordes, Weyarn
ISBN: 3-88199-446-7
Printed in Italy

Der Friedhof an der Rue Saint-Vincent

Montmartre — der Name ist längst Legende geworden. Romantische, ergreifende Legende, kräftig mit verwegenen Lastern gemischt: wie es die Leute gerne lesen. Sie haben ihre liebgewonnenen Schablonen. Trübselige Armut, traurige Verworfenheit dürfen immer ihrer Tränen gewiß sein — und ihrer Neugier. Die Legende wurde verfilmt und damit noch penetranter, noch hoffnungsloser verfälscht.

Um die marmorweiße Kirche von Sacré-Cœur, wo ein Touristengewimmel das Abenteuer sucht — ist dort noch etwas vom Herzschlag des wahren Montmartre zu spüren?

O ja! Da liegt gar nicht weit vom Place du Tertre eine enge, oft völlig menschenleere Gasse, die Rue Saint-Rustique — die höchste Erhebung von Paris. Sie führt zur Rue des Saules hinunter und bildet mit der Rue Norvins und dem einstigen Wasserschloß einen kostbaren alten Winkel, einen ›Carrefour‹. Man möchte ihn einen ›Edelstein aus schäbigem grauem Gemäuer‹ nennen. Es war Maurice Utrillo, der dieses Herzstück des echten Montmartre in zahllosen Bildern verewigt hat.

Für ihn bedeutete jede dieser armseligen Straßenecken ein Stück Leben. Die schimmeligen Farben des Verfalls waren für ihn ›Wunder‹ (der berühmte Derain hat immer wieder vor diesen Bildern von der ›Begegnung mit dem Wunder‹ gesprochen). Utrillos Pinsel hat diese trostlosen Mauern faszinierend funkeln lassen — und nichts beschönigt. Er hat nur wiedergegeben, was seine Augen sahen, was sein Herz spürte, was seiner Einsamkeit kostbaren Trost schenkte.

Auch die Rue des Saules hat Utrillo oft gemalt (Tafeln 27, 33). Sie führt uns vorbei an der Rue Cortot, wo er im Haus Nr. 12 eine Zeitlang mit seiner Mutter, Suzanne Valadon, wohnte, vorbei am berühmten Weinberg von Montmartre (wo noch alljährlich im Oktober die Weinlese mit einem ausgelassenen, bäuerlichen Volksfest gefeiert wird). Und dann gelangen wir zum berühmten Cabaret ›Lapin Agile‹ (Tafeln 5, 37). Hinter Akazien verborgen, hat es sich seit 1900 unverändert erhalten, eine winzige Bude, eine ländliche Idylle, heute von siebenstöckigen Häusern fast erdrückt.

Wir befinden uns an einem anderen ›kostbaren‹ Carrefour, wo der Herzschlag des dörflichen Montmartre dem aufmerksamen Wanderer auch heute noch vernehmbar ist. Hier kreuzt die Rue Saint-Vincent — von Aristide Bruant oft besungen, von Utrillo immer wieder gemalt (Tafel 32). Die verwitterte Mauer gegenüber dem ›Lapin Agile‹ führt in der Rue Saint-Vincent bergab bis zum Place Constantin-Pecqueur und zu einer Pforte in der Rue Lucien-Gaulard Nr. 6. Es ist eine jener trostlosen, verfallenen, scheinbar endlosen Mauern, farblos und doch wiederum schillernd von Fäulnisfarben, wie sie Utrillo so oft zum ›Ereignis‹, zum ›Wunder‹ seiner Bilder gemacht hat (nicht selten mischte er dafür Gips und Sand in seine Farben).

Wir sind dem ›letzten Sohn des Montmartre‹ hier besonders nah. Und unser Gefühl trügt uns nicht: Es ist die Friedhofsmauer des bescheidenen, kleinen Gottesackers, des Cimetière Saint-Vincent, auf dem Maurice Utrillo seine letzte Ruhestätte gefunden hat.

Er war 1955 im im vornehmen Pariser Villenvorort Le Vésinet gestorben, von Ruhm und Ehren überhäuft, aber gleichsam entwurzelt. Hier auf dem Montmartre, auf dem ›Berg der Märtyrer‹, ruht er in seiner wirklichen Heimat. Hier war er geboren. Hier hatte er in den Jahren seines Martyriums seine wunderbarsten Bilder gemalt, fast unbegreiflich in ihrer unbeirrbaren Sicherheit und ruhigen Kraft, mit der Einfalt eines Heiligen.

Während wir — vielleicht in der milden Sonne eines Herbsttages, fernab von aller Weltstadthektik und vom Amüsierbetrieb eines vierundzwanzigstündigen Nachtlebens — in der Abgeschiedenheit des Friedhofs Saint-Vincent nachdenklich am Grabstein Utrillos verweilen, erinnern wir uns der Worte, mit denen Edmond Heuzé einmal das Leben dieses von Rätseln umgebenen Meisters charakterisiert hat:

> ›Sein Leben war die Geschichte eines sanften, empfindlichen Herzens, das sich gänzlich unvermittelt einer lebenslangen schrecklichen Einsamkeit ausgeliefert fand.‹

Ja, wir begreifen, daß wir bei diesem Maler auch heute noch den Weg zum wahren Herzschlag des Montmartre finden können: Seine Bilder — Spuren seines Schicksals — sind nicht etwa nur Dokumente einer vergangenen Zeit (die auf dem Montmartre niemals besonders romantisch oder gar idyllisch gewesen ist!). Sie verweisen uns auf die zeitlose Gültigkeit seiner von Einsamkeit, menschlichem Leid und einer kaum vorstellbaren Leidensüberwindung geprägten Malerei.

Die ›Butte Montmartre‹ ist ein Hügel im Norden von Paris, der im Laufe der Jahrhunderte eine wechselvolle Geschichte hatte, bis sein Name zu dem weltbekannten Begriff und gleichsam zu einem Monument der modernen Kunst wurde. Von einer mächtigen Abtei der Benediktinerinnen aus dem 12. Jahrhundert ist nur noch die Basilika Saint-Pierre erhalten, die heute fast im Schatten von Sacré-Cœur verschwindet. Während der Französischen Revolution wurde die Abtei zerstört, und der Hügel hieß vorübergehend ›Butte Mont-Marat‹.

Schon damals, Ende des 18. Jahrhunderts, muß der Montmartre, weil man dort billig und ungestört hausen konnte, ein Anziehungspunkt für arme Leute gewesen sein (zu denen ja schon immer viele Künstler gehörten). Um die alte Kirche Saint-Pierre, den Place du Tertre, die Rue des Saules und den kleinen Friedhof Saint-Vincent bildete sich so nach und nach ein recht gemischtes Gemeinwesen.

Es stand, wie es scheint, von Anfang an unter der seltsamen Doppelbedeutung seines Namens ›Montmartre‹.

Ursprünglich hatte der Hügel ›Mont de Mercure‹ (Berg des Merkur) geheißen und war erst allmählich zum ›Mont des Martyrs‹ (Berg der Märtyrer) geworden. Das änderte sich auch nicht wesentlich, seit dort zwischen 1876 und 1910 die hohe weiße Kuppelkirche Sacré-Cœur errichtet wurde — neben dem Eiffelturm das zweite Wahrzeichen von Paris.

Immer waren Merkur wie auch die Märtyrer für den Montmartre nebeneinander von eigentümlicher Bedeutung: Die einen verstanden dort mit dem Handelsgott Merkur ihre Geschäfte und ihr Glück zu machen. Und wo es um's Glück ging, wurde hart zugepackt. Da zeigte man sich in den Mitteln nicht wählerisch. Das ›Lapin Agile‹ wurde erst nach dem Firmenschild eines Malers namens A. Gill vom Volksmund zum ›Munteren Kaninchen‹ (›Lapin Agile‹) umgetauft. Vorher war es das ›Mörder-Cabaret‹, das ›Cabaret des Assassins‹ gewesen. Selbst wenn man diesen Namen nicht allzu wörtlich nimmt, läßt sich unschwer vorstellen, daß die ›schweren Jungs‹ (und die ›leichten Mädchen‹) in der Montmartre-Gegend Stammkundschaft waren und außerdem allerlei ›Apachen‹ und rauhe Gesellen ihre nicht ganz sauberen Geschäfte abwickelten.

Wer sich auf Glück und Lebenskampf dieser Art weniger gut verstand — und die Armen und Schwachen waren gewiß in der Überzahl —, der hatte dort seinen ›Märtyrerberg‹ gefunden und manches Martyrium, die elende Kehrseite des Lebens, durchzustehen. Pardon wurde auf dem ›Mont des Martyrs‹ nicht gegeben. Auch Maurice Utrillo, der verwahrloste Junge mit dem ›sanften, empfindlichen Herzen‹, dazu früh von den Auswüchsen einer wohl ererbten Trunksucht gezeichnet — er, der einmal ›der Maler des Montmartre‹ werden sollte —, gehörte nicht zu den robusten Handlangern des Merkur. Er mußte wohl gut dreißig Jahre seines Lebens hindurch die brutalen Gesetze des Montmartre, Mißhandlungen und Demütigungen, am eigenen Leibe erleben.

Man fragt sich manches Mal, wie er dennoch seine herrlichen, makellosen, kraftvollen Bilder hat schaffen können . . . Aber ist ihm nicht vielleicht gerade aus allem Erlittenen, aus all seiner Schwachheit jene rätselhafte Kraft seines Künstlertums erwachsen?

Nachdenklich blättert man in einer autobiographischen Skizze des großen Chansonniers Aristide Bruant, die er noch kurz vor seinem Tode (1925) verfaßte. Von zehn Uhr abends bis zwei Uhr morgens hatte er im Théâtre-Cabaret ›Chat Noir‹ seine aggressiven, provozierenden, unverschämten Verse gesungen, die ihn berühmt und zu einer weltbekannten Pariser Attraktion machen sollten. Könige kamen angereist — er duzte sie. Der Adel gab sich die Ehre — Bruant behandelte sie wie Kosaken. Die Prominenz drängte sich — er verabreichte ihnen Chansons, ätzend wie Schwefelsäure. Auf den Plakaten, die Toulouse-Lautrec für ihn entwarf (einige seiner genialsten), sieht dieser Bruant stolz, kraftvoll, wie ein Boxer aus, ›knallhart‹ wie seine Verse . . .

> ›Je cherche fortune,
> Autour du Chat Noir,
> Au clair de la lune,
> A Montmartre, le soir.‹

War es also einer der harten Burschen vom ›Mont de Mercure‹? Ganz im Gegenteil! Er war als ängstlicher Junge aus der Provinz gekommen, und noch lange traute er sich nicht in die Café-Concerts auf den großen Boulevards und den Champs-Elysées.

> ›Ich singe mit der brutalen Dreistigkeit des Schüchternen.‹

Also noch ein Großer aus der Menge der Schwachen, vom ›Mont des Martyrs‹. Das gibt uns zu denken am Grabe Utrillos.

Die Erinnerungen Aristide Bruants führen uns auch in erschreckender Schärfe das Milieu vor Augen, in dem Maurice Utrillo geboren wurde und völlig haltlos, in chaotischen Verhältnissen, heranwuchs, ohne jede Geborgenheit, ohne menschliche Wärme: gänzlich sich selbst überlassen, der Straße ausgeliefert, wo er sich Tag und Nacht umhertrieb. Ein ziellos und hilflos ins Leben Geworfener — der trotzdem diesem Hundeleben in fast unvorstellbaren Willensanstrengungen seine Meisterwerke abgerungen hat. Aus welchen geheimnisvollen Quellen diese künstlerische Kraft gespeist wurde, wird wohl immer ein großes Rätsel bleiben . . .

Wie der junge Utrillo durchstreifte auch Bruant immer wieder das nächtliche Paris, ›wenn die endlosen Reihen der Gaslaternen die Scheinwelt der leichten Mädchen, der Gauner und Mörder unheimlich funkeln ließ . . .‹ Und seine Beobachtungen verdichten sich zu einer schmerzhaften Vision, die sich ihm in Herz und Gedanken einbrennt:

›. . . frierende Vagabunden, die sich unter den argwöhnischen Blicken der Polizei am Kohlenbecken einer Baustelle aufwärmen; müde Strichmädchen, die im nächsten Hauseingang ihr Geld verdienen wollen; fin-

stere Rowdys, auf der Lauer in dunklen Torwegen — alles mehr oder weniger gefährliche Mitspieler in einer erbärmlichen Tragödie von armen Teufeln, die geboren werden, sich vermehren, herumstreunen, um dann in den Elendsquartieren, in Drecklöchern oder irgendwelchen düsteren Straßenecken dieser verdammten Städte zu krepieren . . . schon durch ihre Geburt sind sie zu jeder Gemeinheit, ja zum Verbrechen verdammt . . .‹

Diese Schilderung sollten wir immer im Gedächtnis behalten. Sie bildet stets den Hintergrund, wenn in der Erinnerung an den alten Montmartre illustre Namen auftauchen. Sie korrigiert die idyllischen Bilder, die uns einige Maler aus den letzten hundertfünfzig Jahren von der malerischen ›Butte‹ hinterlassen haben.

Der stille Friedhof an der Rue Saint-Vincent ist auch so recht der Ort, die Gedanken schweifen zu lassen und die großen Namen der Vergangenheit heraufzubeschwören, die mit dem Montmartre untrennbar verbunden sind. Schon während des ganzen 19. Jahrhunderts war die ›Butte‹ ein magnetischer Anziehungspunkt für ein munteres Völkchen von Malern, Poeten und Musikern aller Schattierungen. Einige Namen ragen aus diesem Humus hervor, der die ›grande génération‹, die ›tollen Jahre‹ zwischen 1871 und 1914, vorbereitete. Da ist der Dichter Gérard de Nerval, der hier ›das Nebeneinander von Mühlen und Cabarets, von stillen Gassen, Bauernhütten und Scheunen‹ liebte. In diesem Milieu wollte zuletzt auch der scharfzüngige Großstädter Heinrich Heine seine Ruhe finden: er wurde nach seinem Wunsch auf dem Friedhof von Montmartre beerdigt (1836), und in seinem eigenen *Epilog* schrieb er die Verse:

> ›Unser Grab erwärmt der Ruhm.
> Torenworte! Narrentum!
> Eine bessre Wärme gibt
> Eine Kuhmagd, die verliebt . . .
>
> Oder Grog nach Herzenswunsch
> In den niedrigsten Spelunken,
> Unter Dieben und Halunken,
> Die dem Galgen sind entlaufen,
> Aber leben, atmen, schnaufen . . .‹

Der Komponist Hector Berlioz lebte auf dem Montmartre (Tafeln 20, 25) und komponierte hier seine ›Symphonie fantastique‹. Auch er fand auf dem Montmartre-Friedhof seine letzte Ruhestätte. Erik Satie, ein

Musiker der modernen Avantgarde, zeitlebens Post-beamter, wohnte in der Rue Cortot, gehörte zu den Verehrern der schönen, temperamentvollen Suzanne Valadon (Tafel 20), der Mutter Utrillos, und improvisierte des Abends gern auf dem Piano im Cabaret ›Chat Noir‹.

Und alle die Maler, die vor Utrillo den Zauber des Montmartre in ihren Bildern verewigten, passieren Revue vor dem inneren Auge: Georges Michel — bereits um 1780 leidenschaftlich in dieses eine Sujet verliebt (Tafel 44) —, dann Corot (Tafeln 45, 46), fasziniert vom Licht dieses Hügels. Renoir hatte sein Atelier in der Rue Cortot (Tafel 11) und malte seinen berühmten *Bal au Moulin de la Galette*. Degas fand hier seine Motive (Tafel 50) und seine letzte Ruhestätte auf dem Cimetière Montmartre. Toulouse-Lautrec und Moulin Rouge — ein Begriff, der keines Kommentars bedarf! Steinlen zeichnete das Montmartre-Milieu, das Bruant in seinen Chansons besang. Und auch van Gogh, der einige Zeit bei seinem Bruder in der Rue Lepic wohnte, darf zu den Großen der ›Butte‹ gezählt werden (Tafeln 47, 48). Seine Bilder erinnern an die Verse von André Rivoire:

> ›Tu n'étais pas, ô pays étrange,
> Ni la province, ni Paris!
> Des jardins retombaient en frange
> Cà et là sur tes murs fleuris . . .‹

Später kamen der Dichter Max Jacob, Picasso und die Maler des Kubismus in die Rue Ravignan (Tafel 15), wo sie im berühmten ›Waschboot‹, im ›Bateau-Lavoir‹, hausten (das abenteuerliche ›Monument‹, eine schäbige Baracke, überdauerte zwei Weltkriege, doch als man sie als ›Denkmal der modernen Kunst‹ 1970 renovieren wollte, war das der ruhmreichen Bruchbude wohl zuviel der Ehre: sie brannte ab!).

Seien schließlich nur noch Bonnard (Tafel 55), Dufy (Tafel 59) und Severini (Tafel 57) aus dem ›Götterhimmel‹ des Montmartre herausgegriffen. Die gedankenreiche, schicksalsträchtige Ehrenliste soll schließlich mit dem Namen einer Frau bekrönt werden, der in der Geschichte der modernen Malerei, in der des Montmartre und in der Lebensgeschichte Utrillos ein besonderer Platz gebührt: Suzanne Valadon (Tafel 60). Sie war eine große Malerin — vom unerbittlichen Degas bewundert —, eine erstaunliche Frau, eine ›Königin des Montmartre‹ in ihren jungen Jahren, eine ›Pantherin‹ ihr Leben lang. Ihr Sohn, Maurice Utrillo, hat sie viel-

leicht am tiefsten erkannt und charakterisiert. In einer Gedichtzeile (er hat ihr viele zärtlich-unbeholfene Verse gewidmet) sagt er: Sie ist die reine, ungeschminkte, die herbe, bittere Wahrheit dieser Welt gewesen. Und keiner wußte wohl wie Utrillo, daß die nackte Wahrheit immer bittere Wahrheit ist:

> ›En ce monde, elle fût l'âpre vérité nue . . .‹

Doch Wahrheit ist ein kostbares Gut, eine große Kraft. Deshalb fügte Utrillo hinzu: ›Man sollte vor ihr niederknien.‹

Der Gassenjunge aus der Rue du Poteau

Die ›Butte Montmartre‹ bezeichnet sich noch heute voller Stolz als ›Commune Libre‹, als die einzige ›Freie Gemeinde‹ innerhalb der Stadt Paris. Im Haus Nr. 21 am Place du Tertre hat sie ihren Amtssitz, der aber erst seit 1920 besteht und wo man sich vor allem der Traditionspflege widmet, um den ursprünglichen Charakter der ›Butte‹ zu erhalten.

Das Bürgermeisteramt von Montmartre, die eigentliche ›Mairie‹, stand aber einst auf dem winzigen Square Jehan-Rictus, unweit vom Beginn der Rue Ravignan, wo sich im berühmten ›Bateau-Lavoir‹ gewissermaßen das ›Standesamt des Kubismus‹ befand . . . In der ›Mairie de Montmartre‹ heiratete 1870 der Dichter Verlaine. Kurz darauf wurde dort der 29jährige Clemenceau Bürgermeister von Montmartre.

1883, als ebendort ein für den Montmartre hochwichtiges Ereignis zu Protokoll gegeben wurde, hatte von Amts wegen der Name ›Montmartre‹ schon der (allzu prosaischen!) Bezeichnung ›18. Arrondissement‹ weichen müssen.

So findet sich die Geburtsurkunde vom ›Maler des Montmartre‹ in den standesamtlichen Akten des Pariser Stadtbezirks Nr. 18: Vom 29. Dezember 1883 datiert die urkundliche Eintragung beim ›Prokurator der Republique Française‹ über die Geburt von ›Maurice Valadon, männlichen Geschlechts, geboren am 26. Dezember dieses Jahres, in der Rue du Poteau Nr. 8, Sohn der Marie-Clémentine Valadon, achtzehn Jahre alt, ledig, wohnhaft in Paris, Rue du Poteau Nr. 8. Das Kind wurde präsentiert und die entsprechende Erklärung abgegeben von Célinie Eliza Dunez, sechsundfünfzig Jahre alt, Hebamme, die bei der Entbindung zugegen war, wohnhaft in Paris, Rue de Clignancourt Nr. 45. Als

Zeugen waren anwesend Jacques Bonnet, fünfzig Jahre alt, Angestellter, wohnhaft in Paris, Rue des Abesses Nr. 14, und Michel Courtois, fünfzig Jahre alt, Angestellter, wohnhaft im selben Hause wie der vorgenannte Zeuge. Beglaubigt etc. etc....‹

In dieser Urkunde ist nirgends der Name Utrillo zu finden, und die junge Mutter (deren Alter in anderen Quellen oft mit sechzehn angegeben wird) ist eine Marie-Clémentine Valadon. Wer also war die Mutter dieses Kindes — und wer war sein Vater?

Die spätere berühmte Malerin Suzanne Valadon wurde am 23. September 1865 als Marie-Clémentine, Tochter eines Maurers namens Valadon, im Dorf Bessines (Haute-Vienne) in der Nähe von Limoges geboren. Von ihren Familienverhältnissen ist nichts Näheres bekannt. Verschiedentlich wird von großer Armut gesprochen, doch sie hat sich offenbar darüber niemals geäußert. Schon etwa um 1875 ist sie nach Paris gekommen, wie es heißt: ›ohne Familie, zu einer Adoptivmutter‹. Doch fehlt auch von dieser Frau jede weitere Spur: Wir kennen weder ihren Namen noch irgendeine Äußerung ihrer ›Adoptivtochter‹ oder von einem Zeitgenossen — nichts, was hier ein wenig Klarheit schaffen könnte. Die ›Adoptivmutter‹ wird zudem nur von einem einzigen Autor erwähnt. Doch ist dieses biographische Detail, selbst wenn es nicht ganz zutreffen sollte, durchaus bedeutungsvoll und weniger leichtfertig als die allzu bündige Feststellung: ›kommt als Kind nach Paris‹, wie man sie in fast allen anderen Biographien findet. Besonders, wenn man bedenkt, daß wesentlich öfter als 1865 in den einschlägigen Referenzwerken als Geburtsjahr 1867 angegeben wird. Es ist ja in jedem Fall schwer vorstellbar, wie sich ein Kind von acht oder höchstens zehn Jahren mutterseelenallein in Paris durchschlagen konnte. Wohl gab es zu jener Zeit Kinderarbeit aller Art, bei der sich ein in der dörflichen Armut schon abgehärtetes Mädchen zur Not ein paar lumpige Sous für's mühselige Überleben zusammenverdienen konnte. Doch schwerlich konnte die etwa achtjährige Marie-Clémentine ohne jeden Beistand in dieser ›Hölle der Armen‹ Obdach und Existenz finden — oder, wie es immer so wunderschön heißt, ›Paris erobern‹.

Hier kommen wir auf einem Umweg der Wahrheit wenigstens ein Stückchen näher: Suzanne Valadon hat fast unglaublich früh ausgereifte Meisterwerke geschaffen; beispielsweise schon 1883, also im Geburtsjahr ihres Kindes (siehe Tafel 60). Aus demselben Jahr gibt

es eine Zeichnung *La Grand-Mère (Die Großmutter):* eine sehr energische, ja hoheitsvolle bäuerliche Frau, deren Züge aber auch von einer gewissen Skepsis geprägt sind. Diese Charakterähnlichkeit läßt sofort die verwandtschaftliche Beziehung erkennen. Nur — es ist nicht etwa die Großmutter der Malerin, sondern ihre Mutter. Die Zeichnung muß also in den allerletzten Dezembertagen des Jahres 1883 entstanden sein: Am 26. Dezember hatte Marie-Clémentine ihre Mutter ja gerade erst zur Großmutter gemacht!

Das Wichtigste an dieser Zeichnung ist aber, daß wir durch sie erfahren: Ihre Mutter befand sich damals mit ihrer Tochter zusammen in Paris. Natürlich kann sie aus dem Heimatdorf angereist sein, als sie von der bevorstehenden Geburt erfuhr. Doch wenn wir das Selbstbildnis der Sechzehn- oder Achtzehnjährigen (Tafel 60) aufmerksam befragen — und nach allem, was wir vom trotzigen, oft schroffen Selbstbewußtsein schon des jungen Mädchens wissen —, will ein ›Hilferuf nach Haus‹ absolut nicht ins Bild passen (als Grund für die Anwesenheit ihrer Mutter). Das junge Ding hatte schon so viele Bewährungsproben und so allerlei Eskapaden hinter sich. So war sie bei diesem ›Unfall‹ sicher gerade erst recht entschlossen, auch den ohne ›Hilferuf‹ durchzustehen. Dagegen spricht auch die Tatsache, daß die Mutter ihr Leben lang in Paris blieb: immer gleichsam im Hintergrund des unruhigen, wechselvollen Lebens Utrillos und der Valadon, aber doch stets ›mit dabei‹ (wie die vielen Bilder beweisen, auf denen Suzanne sie dargestellt hat).

Die Folgerung erscheint deshalb nicht vermessen oder allzu kühn: Sie ist identisch mit jener angeblichen ›Adoptivmutter‹ — sie ist in den siebziger Jahren mit ihrer kleinen Tochter aus der dörflichen Armut nach Paris gegangen, auf der Suche nach einem ›besseren Leben‹.

Da so vieles von den Anfängen Utrillos und Suzanne Valadons im dunkeln liegt, überrascht es gar nicht, daß sogar über das exakte Geburtsdatum Utrillos Unklarheit besteht: Die vorhin zitierte standesamtliche Eintragung nennt den 26. Dezember 1883. Darauf müßte eigentlich Verlaß sein, vorausgesetzt, die Urkunde wurde korrekt und wirklich unmittelbar aus den Akten zitiert. Viele Autoritäten geben aber statt dessen den 25. Dezember an. Zu ihnen gehört nicht zuletzt der griechische Kunsthändler und Utrillo-Experte Paul Pétridès, der seit 1928 (seit 1935 exklusiv) das Œuvre des Malers betreut und seit 1959 an der kritischen Gesamtausgabe des Werkes arbeitet. Er gibt in seinen Publikationen stets den 25. Dezember als Geburtsdatum an. Hier steht also Experten-Autorität gegen standesamtliche Urkunde. Die Kunsthistoriker folgen (in Monographien, Lexika usw.) zur einen Hälfte dem ›Prokurator der Republique Française‹, zur anderen Hälfte dem Kunsthändler Utrillos. Wir können hier keine verbindliche Entscheidung treffen. So lassen wir denn beide Daten, den 25. und den 26. Dezember 1883, als den Geburtstag Maurice Utrillos (zur Auswahl) nebeneinander bestehen.

Es wurde schon erwähnt, daß schließlich auch über das Geburtsjahr von Marie-Clémentine (Suzanne) Valadon in den verschiedenen Referenzwerken keine Einmütigkeit herrscht. Während Pétridès z. B. im Katalog der Münchner Ausstellung ›Utrillo/Valadon‹ von 1960 als Geburtsjahr 1865 angibt (auch der ›Larousse‹ 1973), findet sich weit häufiger 1867 (z. B. Musée National d'Art Moderne, Paris). Nun, betrachten wir doch wiederum das Selbstbildnis der Malerin aus dem Geburtsjahr ihres Sohnes (Tafel 60). Wenn die Mutter den ›Maler des Montmartre‹ mit sechzehn und nicht mit achtzehn Jahren zur Welt brachte, so ist das doch höchstens ein wenig ›ergreifender‹. Und ob eine Achtzehnjährige oder eine Sechzehnjährige dieses Selbstporträt malte — es ist in jedem Fall ein Phänomen, das uns zu staunendem Verweilen zwingt. Das ist wohl wesentlicher als eine Jahreszahl.

Wie dem auch sei — beinahe noch ein Kind, muß die kleine Valadon ein hinreißend temperamentvolles und kraftvoll-schönes Mädchen gewesen sein, das keine Arbeit scheute. Ja, es ist typisch für sie, daß sie sich nicht nur ausgelassen, verliebt und ohne jede Prüderie oder schamhafte Zurückhaltung kopfüber in den wildesten Großstadttrubel stürzt — nein, sie beweist gleichzeitig eine fast unglaubliche Disziplin und Entschlußkraft, wenn sie irgendein Vorhaben anpackt, eine Tätigkeit, die sie ohne jede vorherige Ausbildung sofort mit Bravour bewältigt.

So ist sie nicht einfach, wie damals alle Welt, von der glitzernden Zirkus-Atmosphäre fasziniert: sie geht selbst zum Zirkus und wagt sich dort sofort in die gefährlich luftigen Höhen der Trapezkünstler! Ihr Auftritt erfolgt im Zirkus Molier in der Rue Bourdaloue. Ein Sturz vom Trapez, bei dem sie sich einen Oberschenkel bricht, beendet ihre Zirkuskarriere.

Nun wird sie ›poseuse‹, Malermodell. Sie begegnet einem ehemaligen Porzellanmaler aus Limoges, der sich inzwischen auf dem Weg zu höchstem Malerruhm befindet: Auguste Renoir. Und bald ist die kindliche Schöne mit dem jugendlich schmächtigen Körper und den kraftvoll-geschmeidigen Bewegungen einer Raubkatze (›Pantherin‹ hat man sie genannt) ein berühmtes Modell. Berühmt wie die Maler, die sie zu großartigen Bildern und zu leidenschaftlichen Liebesabenteuern inspiriert. Während sieben Jahren stand sie Modell für Puvis de Chavanne (meist für jugendliche Epheben auf seinen großen Wandgemälden). Renoir hat sie oft gemalt. Er liebte den Perlmuttschimmer ihrer Haut. Toulouse-Lautrec war von ihrem jungen Gesicht fasziniert, in dem er eine geheime Melancholie entdeckte. Sie begegnete van Gogh und Gauguin. Sie war aber auch die ungekrönte Königin auf zahllosen Bällen des Montmartre — ›wie vom Teufel besessen‹, lebenslustig und liebeshungrig. Und in der Liebe zählten, das wußte sie sehr gut, nicht unbedingt immer nur die großen Namen, die ruhmbekränzten Häupter von den olympischen Höhen der Kunst. Das Herz geht oft andere Wege, und das ihre fand so manches Mal sein Glück in der Schar der namenlosen ›copains‹, mit denen sie den stets turbulenten Montmartre-Alltag teilte.

Doch in all dieser Turbulenz war es der gestrengste, der unerbittlichste der großen Meister, der ihre eigenen künstlerischen Fähigkeiten entdeckte: Edgar Degas. Er ermutigte sie zum Zeichnen und unterwies sie in den graphischen Techniken. Er nannte sie die ›terrible Maria‹, was aus seinem Munde ein hohes Lob bedeutete, denn staunend erlebte er, wie das Arbeiterkind, die kleine Zirkusakrobatin, in ihren Zeichnungen — ohne je eine Ausbildung gehabt zu haben! — eine schonungslose Kraft entfaltete, die der seinen verwandt, ja fast ebenbürtig war. Degas war gefürchtet wegen seiner bissigen Bemerkungen, mit denen er die geringsten Mängel geißelte — für die Arbeiten seines einstigen Modells hatte er nur Worte höchster Anerkennung, ja bald kaufte er eine ganze Anzahl dieser Zeichnungen, die er lobend ›bösartig, hart und geschmeidig‹ nannte. Bewundernd sprach er von ihren agressiv zupackenden Umrißlinien. Und Toulouse-Lautrec, der andere Große mit dem unbarmherzigen Blick, teilte Degas' Bewunderung.

Die kleine ›Marie‹, die sich vor seinen Augen zur ›Suzanne Valadon‹ mauserte, verwahrte sich aber gegen alles Lob, das sie als Einmischung empfand. Sie blieb unverwechselbar immer ganz sie selbst. Und tatsächlich blieb ihr Stil von Anfang an unberührt von jedem fremden Einfluß.

Ebenso strikt enthielt sie sich später jeder Belehrung, als ihr Sohn sich ebenfalls zu einem Phänomen der Malkunst entwickelte, deren Quellen er nur in seinem eigenen Inneren fand.

Wie ging es nun aber zu, daß aus dem unehelichen Sohn der achtzehnjährigen Marie-Clémentine (sie trat erst elf Jahre später zum erstenmal als Suzanne Valadon hervor) ein Maurice Utrillo wurde? Und dann auch noch ›der Utrillo vom Montmartre‹?

Wer ihm seinen Vatersnamen ›Utrillo‹ gab, ist einfach zu berichten. Um so heftiger aber tobt der Meinungsstreit über die tatsächliche Vaterschaft. So sei gleich vorweg daran erinnert, daß es recht eigentlich ein gänzlich belangloser Streit ist. Wo es um die ›künstlerische Vaterschaft‹ der Werke des *Malers* Maurice Utrillo geht, herrscht völlige Klarheit (und ob die leibliche Vaterschaft bei den Werken des Künstlers von Belang ist, darf erheblich bezweifelt werden). Wir wissen, wer die *Mutter* Utrillos war. Hier zwei Phänomene zu sehen, die einige erstaunliche Parallelen aufweisen, ist gewiß erlaubt — oder immerhin nachdenkenswert.

Am 27. Januar 1891 erschien der spanisch-katalanische ›Maler, Kunstschriftsteller, Archäologe, Architekt und Ingenieur‹ Miguel Utrillo y Molins (1862—1934) vor dem Standesbeamten der Mairie in der Rue Drouot und gab dort zu Protokoll, er sei der Vater des am 25. Dezember 1883 geborenen unehelichen Sohnes der Marie-Clémentine Valadon. Der Junge, inzwischen sieben Jahre alt, solle von nun an seinen Vatersnamen tragen: Maurice Utrillo.

Dem bereitwilligen Katalanen gebührt auf jeden Fall der Dank des Montmartre und eine lobende Erwähnung in der Kunstgeschichte: er hat beide um einen klangvollen Namen bereichert. Das übrige hat dann Maurice Valadon zum Ruhme dieses Namens getan. Dabei trennte er sich übrigens niemals ganz vom Namen seiner Mutter: Er signierte seine ersten Bilder noch mit ›Maurice U. Valadon‹, dann, bis an sein Lebensende, mit ›Maurice Utrillo V.‹.

Darf man nun aus der amtlichen Deklaration, die Miguel Utrillo y Molins abgegeben hat, entnehmen, daß er wirklich der Vater des Kindes und vielleicht selbst davon überzeugt war? Das kann leider nicht so ohne weiteres bejaht werden. Einer sicheren Überzeugung hätte er ja schon bei der Geburt Ausdruck geben können, nicht erst nach sieben Jahren. Dieser Zeitpunkt gibt uns indessen einen anderen Hinweis. Suzanne Valadon führte als Malermodell — trotz einiger illustrer

Auftraggeber und gelegentlicher Liebschaften in diesen Kreisen — doch ständig ein unsicheres Vagabundenleben. In den Ateliers ermutigte man sie, ihre eminente künstlerische Begabung weiterzuentwickeln. Das aber war eine Aufgabe, die sie mit aller Kraft und äußerster Konzentration anpacken mußte. Da mag ihr der Gedanke durch den Kopf gegangen sein: Wenn ich nur zeichnen kann, frei von Existenzsorgen — dafür würde es sich schon lohnen, den Preis einer Bindung, irgendeiner ›gutsituierten‹ Bindung, zu zahlen . . .

Von 1890 an lebt sie in einer solchen Bindung, mit einem wohlhabenden Großhandelskaufmann, Paul Mousis, den sie auch offiziell heiratet, allerdings erst 1896. Andere Chronisten nennen schon 1890 als Heiratsjahr und erwähnen vor allem, daß der vermögende Herr ihrem unehelichen Sohn auf keinen Fall seinen Namen geben wollte. Aus diesen Zusammenhängen darf man wohl darauf schließen, daß Suzanne Valadon eine Sicherung ihrer Verhältnisse anstrebte, die auch ihrem Kind einen Vater gab. Als dieses Vorhaben sich, vermutlich gleich zu Anfang der Verbindung, als aussichtslos erwies, erbot sich ein guter Freund — eben Miguel Utrillo —, die Familienverhältnisse in diesem Punkt in Ordnung zu bringen. Als der siebenjährige Maurice den Namen ›Utrillo‹ erhielt, war das also wahrscheinlich eher ein Freundschaftsdienst als ein (reichlich verspätetes) Eingeständnis der Vaterschaft.

Trotzdem kann der katalanische Maler nicht unbedingt aus der Reihe der ›Vaterschafts-Anwärter‹ ausgeschlossen werden. Es ist bekannt, daß er zu den Liebhabern der Suzanne Valadon gehörte, die ja mit ihren Gunstbeweisen keineswegs kleinlich war. Wie ein Biograph Utrillos treffend bemerkte: Was die Ermittlung seines Vaters so kompliziere, sei ›die große Zahl der möglichen Koproduzenten‹.

Die Mutter selbst hat allerdings beharrlich immer wieder einen gewissen Boissy als den Vater ihres Sohnes bezeichnet, eine nur flüchtige Bekanntschaft aus dem weitläufigen Kreis ihrer ›copains‹. Er genoß auf dem Montmartre einen zweifelhaften Ruf als Kneipensänger, Bohemien — und vor allem als Alkoholiker. Sehr bald nach der Geburt des Kindes war Boissy von der Bildfläche verschwunden, und es ist höchst wahrscheinlich, daß er es war, der seinem Sohn den unheilvollen Hang zur Trunksucht vererbte, der schon im Kindesalter zum Ausbruch kommen sollte.

Einige bekannte Augenzeugen der damaligen Montmartre-Szene — so der Schriftsteller Francis Carco und

Paul Yaki, einst Konservator des Musée de Vieux Montmartre — scheinen allerdings der Möglichkeit einer vom leiblichen Vater ererbten Trunksucht bei dem jungen Maurice Utrillo weniger Gewicht beizumessen. Sie berichten dagegen von Erlebnissen, die darauf hindeuten, daß ›der Maler des Montmartre‹ den katalanischen Maler zum Vater hatte, Utrillo also tatsächlich der Sohn des Utrillo gewesen sei.

Francis Carco weiß sich an einen Tag zu erinnern, als Suzanne Valadon in panischem Schrecken zu ihm gekommen sei: Maurice habe verlangt, in einer Aussprache mit Miguel Utrillo selbst zu klären, ob dieser sein Vater sei. Aber, so muß man sich fragen, was veranlaßte die Mutter zu einer solchen panischen Aufregung? Hätte Maurice von seinem Adoptivvater ein bejahendes Geständnis erhalten, hätte ihn das nur beruhigen können: Der Katalane hatte sich als Kunstkritiker und Herausgeber einer Zeitschrift auf dem Montmartre und in ganz Paris einen geachteten Namen gemacht; außerdem wäre Maurice von dem bedrückenden Gedanken befreit worden, von Geburt an schon mit dem schlimmen Erbe des trunksüchtigen Boissy belastet zu sein. Er hätte auf Heilung hoffen dürfen!

Paul Yaki erzählt von der Beerdigung Miguel Utrillos, der im Jahre 1934 starb. Damals waren viele Menschen zusammengekommen, die sich gut an die früheren Jahre der beiden Utrillos erinnern konnten — an den inzwischen zu höchstem Ruhm gelangten Maurice Utrillo, der damals noch mit Suzanne Valadon und André Utter (ihrem zweiten Mann) in einer Villa der Avenue Junot auf dem Montmartre wohnte, und an den Verstorbenen. Und wo immer der Tod Miguels beklagt wurde, habe man die Leute sagen hören: ›Aber er lebt ja in Maurice weiter!‹ Das zeugt immerhin von einer weitverbreiteten Volksmeinung — oder sollte man zutreffender sagen: von einer Legende? Vergessen wir nicht, daß unterdessen auch Maurice Utrillo schon zu einer lebenden Legende geworden war, in der sich ein fast unglaublicher Schicksalsweg mit seinen Meisterwerken verwoben hatte. Und dort, in der wunderbaren Gelassenheit seiner Bilder, darf jeder entdecken, wonach sein Herz verlangt — und sei es selbst den ›wiedergeborenen‹ Miguel Utrillo y Molins …

Lucie Valore, seit 1935 Madame Maurice Utrillo und Gefährtin seiner letzten zwanzig Lebensjahre, vertritt zum leidigen Thema der Vaterschaft noch eine völlig andere Meinung, die nicht unerwähnt bleiben soll. Sie hat ihrem berühmten Mann zu seiner ebenfalls berühmten Mutter auch einen nicht minder berühmten Vater erwählt: Puvis de Chavannes! Ihre Überzeugung ist nicht so ohne weiteres von der Hand zu weisen. Schließlich war die junge Marie-Clémentine Valadon — wir erwähnten es schon — viele Jahre lang sein verehrtes Modell. Sieben Jahre lang hat er ihren grazilen Körper in seinen Gemälden gefeiert. Ohne ein unnützes Für und Wider von Argumenten zu entfachen, dürfen wir der ›Komposition‹ von Madame Utrillo-Valore ein untrügliches Gefühl für Ausgewogenheit nicht absprechen. Und möchte man ihr nicht unwillkürlich zustimmen?

Nach der Geburt ihres Sohnes nahm Suzanne Valadon (damals, als ›poseuse‹, immer noch die ›terrible Maria‹) ihr lebenshungriges Vagabundendasein als Malermodell wieder auf. Der ›Unfall‹ war glücklich überstanden und hatte sie wirklich nur, wenn man so sagen darf, im biologischen Sinn ›zur Mutter gemacht‹. Ihre tiefe Zuneigung zu ihrem Sohn ist bezeugt. Sie äußerte sich aber, besonders im Laufe seiner bald zutage tretenden unglückseligen Entwicklung, eher in wilden Ausbrüchen, wenn die ›Pantherkatze‹ ihr ›Junges‹ gegen die Mißhandlungen einer bösartig-feindlichen Umwelt zu verteidigen hatte. Häuslichkeit oder gar die Mutterliebe aus dem Bilderbuch waren nicht ihr Fall. Man kann es der Heranreifenden auch kaum verübeln.

Im Säuglingsalter kümmerte sich ›La Grand-Mère‹, Madame Madeleine (wie sie von den Nachbarn genannt wurde), um den kleinen Maurice. Doch wohl kaum mit der nötigen Sorgfalt oder mit energischer Hand, wie man es von der Frau vielleicht erwartet hätte, die wir von der Zeichnung aus dem Jahre 1883 kennen. Aber sooft sie auch auf den Bildern der Suzanne Valadon in Erscheinung tritt, so wenig ist das im Leben ihrer Tochter oder ihres Enkels der Fall. Seit ihrer Ankunft in Paris (die wir ja nur reichlich hypothetisch rekonstruieren konnten) führt sie ein ›mysteriöses‹ Eigenleben. Es erscheint aber schon weniger mysteriös, wenn wir an die Charakterverwandtschaft zwischen Mutter und Tochter denken, die auf einem Bild von ihr sofort auffiel: Sie war ganz einfach die Mutter ihrer Tochter! Vergessen wir auch nicht, daß sie sich bis ins hohe Alter hinein ihren Lebensunterhalt selbst verdienen mußte. Vom Modellgeld ihrer Tochter konnte sie kaum mitexistieren. Und sie wollte es wohl auch nicht: Seit mit dem Kind ›ein dritter Fresser‹ hinzugekommen war — wer ernährte und kleidete ihn wohl? Sehr wahrscheinlich kamen die nötigen Groschen von beiden Frauen, unregelmäßig und mehr schlecht als recht. Ein Zeitgenosse, der die damaligen Verhältnisse aus nächster Nähe miterlebte, berichtet: ›Sicher ist, daß die junge Mutter bereits dem Knaben Cognac einflößte, um ihn schneller zum Schlafen zu bringen, wenn sie abends ausging.‹ Ein anderer: ›Schon im Kindesalter war der Junge dem Alkohol verfallen.‹ Das Drumherum der Szene kann man sich unschwer ausmalen.

Bei den Textabbildungen dieses Buches findet der Leser eine Zeichnung der Suzanne Valadon, *Mon fils à 7 ans (Mein Sohn, 7 Jahre alt)*. Dieses junge Gesicht läßt seine ganze kindliche Sensibilität erkennen, seine traumerfüllte Gedankenwelt, die sich schon deutlich nach innen zu kehren scheint — in Abwehr gegen eine Außenwelt, die dieses verletzliche, von einem schlimmen Erbe gepeinigte Wesen mit brutalem Vergnügen mißhandelt hat, wohl seit das daheim vernachlässigte kleine Geschöpf sich unter Menschen wagte. Unter Menschen, das heißt aber nur: auf die Gasse hinaus. Und dort spürt man sofort, wenn da ein zartes, ein wenig schwächliches, dem rüden Leben nicht gewachsenes Menschenwesen auftaucht. Es wird zum willkommenen Spielball jugendlicher Grausamkeit und jeder Art von Spott und Quälerei.

Maurice ist gerade erst sieben Jahre alt, als seine Mutter mit Paul Mousis, dem reichen Kaufmann, zusammenzuleben beginnt. Der besitzt ein Landhaus bei Montmagny (nördlich von Paris, nahe Pierrefitte-sur-Seine) auf der Butte Pinson, inmitten eines Weinbaugeländes. Als der Junge zehn ist (1893), zieht Suzanne Valadon mit Mousis nach Montmagny hinaus. Die Zeit in Montmagny dauert bis 1909, bis zur Trennung von Mousis, den sie 1896 offiziell geheiratet hat.

Es sind anfangs die Schuljahre des jungen Utrillo. Man kann sich vorstellen, daß er in Montmagny, bei dem Mann, der mit dem unehelichen Sohn seiner Gefährtin nichts zu schaffen haben will, ein unwillkommener Gast ist. Er verliert also mit seiner Mutter auch sein Zuhause. Wenn es auch kaum jemals ein Zuhause war, das diese Bezeichnung auch nur halbwegs wirklich verdient hätte, so war es doch immer noch eine Art letzter Zuflucht, der Notbehelf einer Bleibe.

Die Einsamkeit des Jungen wird immer größer. Die verhängnisvolle Kette von Katastrophen nimmt ihren Lauf. In der seelischen Vereinsamung wachsen in seinem unruhigen, gequälten Herzen Träume und mystische Vorstellungen (wozu er schon früh eine Veranlagung zeigt) zu übermächtigen Phantasmen. Ein anderer Wesenszug — später einmal Urquell seiner Inspiration und untrüglicher Wegweiser seiner Kunst — ist seine menschenferne Keuschheit und eine wundersame reine Einfalt. Im Leben umhergeworfen, machen ihn alle die Eigenschaften (mögen es auch verborgene Schätze sein) nur noch ohnmächtiger gegenüber den Menschen, gegenüber ihren Anforderungen und Herausforderungen. So wird er von der Schule verwiesen, ein Trunksüchtiger im Kindesalter, der natürlich Anstoß erregt. 1896 hat man ihn in ein Internat gesteckt — in Montmagny möchte man ja ungestört sein —, doch das geht nicht lange gut. Er ist ja meist sich selbst überlassen, und die Genickschläge, die ihm jede Gemeinschaft mit sadistischem Vergnügen verabreicht, treiben ihn nur immer mehr dem ›Retter‹ Alkohol in die Arme. Man versucht es mit einer Banklehre beim Crédit Lyonnais. Sie dauert nur einige Monate. Zwischendurch übergibt man ihn immer wieder seiner Mutter, die ihn in Montmagny in ihre Obhut nehmen soll. Doch weit davon entfernt, ihn zu überwachen und ihm wenigstens einen gewissen Halt zu geben, läßt sie ihn herumvagabundieren und sich in allen Kneipen der Gegend betrinken . . .

Francis Carco hat alle diese Episoden in einem erschütternden Buch aufgezeichnet: Nach nächtelangen Saufgelagen kommt es zu schweren psychischen Krisen, zu wahnsinnsähnlichen Anfällen. Es folgen Tage, an denen er apathisch in völligem Stumpfsinn dahindämmert. Daß die Ermahnungen seiner aufgeschreckten Mutter nichts ausrichten, versteht sich, möchte man sagen, von selbst. Der schon schwer zerrüttete Jugendliche zeigt keinerlei Interesse an irgendeiner Betätigung. Farben und Malgeräte, die er im Atelier seiner Mutter sieht, wecken in ihm nicht das geringste Interesse. Da schlummert in diesem jungen Menschen ein Genie der Malerei — aber es ist derart verschüttet, daß niemals auch nur der Funke einer Ahnung bis an die Oberfläche gelangt. Nichts davon wird erkennbar — weder ihm selbst noch seiner Umwelt.

Maurice Utrillo ist siebzehn Jahre alt, als er zum erstenmal in der Trinkerheilanstalt Sainte-Anne interniert wird (1901). Etwa ein Jahr lang unterzieht er sich einer Alkohol-Entwöhnungskur. In den folgenden zwanzig Jahren ist sein Lebensweg von den Namen solcher Heilanstalten markiert, wo er sich immer wieder — und immer vergeblich — von dem schrecklichen Erbe zu befreien versucht. Zunehmend zerstört der Alkohol seinen Körper — aber erstaunlicherweise nicht die Kräfte, die sein künstlerisches Genie speisen, als es endlich aus seinem Inneren heraus ans Tageslicht gefunden hatte.

15

So sind die Jahre seines Lebens, die er freiwillig oder zwangsweise in Anstalten oder Hospitälern verbracht hat — ganz entgegen der landläufigen Vorstellung — für Utrillo keine verlorenen Jahre gewesen.

Roter Wein und weiße Malerei

Aus der Heilanstalt Sainte-Anne wird Utrillo 1902 zu seiner Mutter nach Montmagny entlassen. Dort zeigt sich sehr bald, daß die Kur nur wenig Erfolg hatte. Er nimmt seine unheilvolle Gewohnheit des ziellosen Herumtreibens wieder auf, und die mütterlichen Ermahnungen können einen krassen Rückfall nicht aufhalten.

Suzanne Valadon hatte 1894 zum erstenmal im Salon der Société Nationale ausgestellt, und von 1900 an zeigte der berühmte Kunsthändler Ambroise Vollard ihre Arbeiten. Er war der Kunsthändler von Cézanne, Degas und Renoir und hatte gerade, im Juni 1901, erstmals in Paris eine Picasso-Ausstellung veranstaltet. Von Bonnard hatte er 1895 eine epochemachende Suite von zwölf Farblithographien herausgegeben: *Quelques Aspects de la Vie de Paris*. Zwei dieser Lithographien sind im biographischen Teil dieses Buches abgebildet.

Der Arzt Dr. Ettlinger, der das Atelier von Suzanne Valadon in Montmagny besucht hatte, riet der verzweifelten Mutter, ihren Sohn doch zum Malen anzuregen. Vielleicht könne ihm diese Beschäftigung einen gewissen Halt geben und seiner Trunksucht heilsam entgegenwirken ...

Und nun ereignet sich etwas Rätselhaftes, ein Phänomen, für das man wohl niemals eine Erklärung finden wird: Maurice wird von seiner Mutter kurzerhand zum Zeichnen und Malen gezwungen. Sie betrachtet es als eine Art Beschäftigungstherapie und befaßt sich nicht mit ernsthaften Anleitungen. Auch Maurice kann die plötzliche Zwangsbeschäftigung kaum als Anregung empfunden haben. Er beginnt — ohne rechte Überzeugung, wie es scheint — mit dem Pinsel zu experimentieren, den ihm seine Mutter in die Hand gedrückt hat — und sofort entstehen Werke von überraschender Originalität, von einer staunenswerten intensiven Kraft und absoluter Eigenart!

Wir können nur ahnen, was in diesem Menschen, wie vom Blitz getroffen, vorgeht. Zwanzig Jahre der Einsamkeit und Qual haben seinen innersten Wesenskern nicht, wie man denken könnte, zerstört: im Gegenteil!

Eine unerklärliche Kraft muß alles, was er erlebte und erlitt, in Schätze von reinstem Gold und unsagbarer Lauterkeit verwandelt haben, die nun vulkanartig aus ihm hervorbrechen. Das ist noch vorstellbar. Unvorstellbar aber ist, daß dieser ›Maler wider Willen‹ fast ohne Zögern über die Ausdrucksmittel eines großen Meisters verfügt! Hat sich die im Geheimen gereifte Aussage ebenso im Geheimen, ohne einen Pinselstrich, auch gleichzeitig ihre vollendete Sprache schaffen können?

Francis Carco berichtet: ›Ich habe ihn häufig malen gesehen. Seine Geschwindigkeit war einfach ein Wunder. In wenigen Stunden hatte er ein Bild auf die Leinwand geworfen, als hätte ihn eine Zauberhand gelenkt ... Sein geheimer Wunsch wäre gewesen, die Jungfrau von Orléans zu malen, geharnischt und bannerschwingend, wie er sie im Pantheon gesehen hatte, Religion, Weltgeschichte und Malerei zu vereinen, ja überhaupt alles, was seinen Geist bedrängte. Da er diese Aufgabe für übermenschlich hielt, begnügte er sich, es in einer Vorstadtlandschaft auszudrücken.‹

In Montmagny, Pierrefitte, in der Pariser Banlieu und gelegentlich auch schon auf dem Montmartre malt er zwischen 1902 und 1904 etwa 150 Bilder, die nichts gemein haben mit allem, was man zuvor von irgendeinem anderen Maler gesehen hatte. Schon 1905 werden einige Kenner und Bilderhändler auf ihn aufmerksam: Tabarant, dann Anzoli, Rahmenmacher vom Montmartre, und Clovis Sagot. Sagot zahlt ihm pro Bild drei bis fünf Francs.

Seine Palette ist anfangs sehr dunkel; die Bilder haben eine rauhe Oberfläche.

Carl Einstein, der deutsche expressionistische Kunstschriftsteller, schreibt in den frühen zwanziger Jahren im Vorwort zu einem nur in deutscher Übersetzung erschienenen Buch von Coquiot über Utrillo: ›Utrillo selber nennt sich einen Maurer. Er baut auf der Untermalung die Häuser und Straßen auf, Fenster und Türen setzt er ein; von ihnen geht er aus, um die Wände, das Straßenpflaster zusammenzufügen und die Farbe zu stufen. Ehe irgendein Merzkünstler oder die Futuristen sich versuchten, wandte er 1907 gelegentlich eine Verbindung von Gips und anderem Material an, die er nicht verriet; dem Bild wollte er eine geheimnisvolle Stofflichkeit geben, auch verband er die Ölfarbe mit Sand, wie dies bisweilen noch Braque tat, um die Farbe körniger zu machen.‹

Etwa um 1907 hellt sich Utrillos Palette merklich auf, und man kann schon von der sogenannten ›weißen

Epoche‹ sprechen. Epochal muß diese Zeit (die bis zum Beginn des Ersten Weltkriegs andauert) auch schon in ihren ersten Jahren genannt werden, weil bereits in ihren Anfängen einige der herrlichsten Meisterwerke entstehen, die von den Museen der ganzen Welt zu ihren kostbarsten Schätzen gezählt werden. Und machen wir uns das einmal klar: Seit man dem kranken Maurice zwangsweise den Pinsel in die Hand drückte, sind kaum fünf bis sechs Jahre vergangen!

Vom Alkohol hat ihn das Malen nicht befreien können, und in diesem ewigen Kampf zwischen Misere und Meisterschaft haben ihm nur ganz wenige von den Künstlern des Montmartre Hilfsbereitschaft bewiesen. Da war die schützende Hand des jungen Bildhauers Guyot und als einziger unter den Malern ein wirklicher Freund: der um zwei Jahre jüngere Alphonse Quizet, den Utrillo 1903 kennenlernte.

In der ›weißen Epoche‹ ist er diesen Freunden nun ständig nah: Er widmet sich jetzt mit leidenschaftlicher Hingabe allen Winkeln, Gassen und trostlosen Mauern des Montmartre. Es ist, als wolle er nun, da er in seiner Malerei die grausame ›Schweigemauer‹ seiner Kinderjahre durchbrechen kann, noch einmal mit diesen Häusern und Straßen Zwiesprache halten, die ihn leiden, aber auch reifen ließen. Jetzt sagt er in seinen Bildern mehr als alle Gestalten des Pantheons, sagt mehr als Weltgeschichte und fromme Legenden: er sagt aus, was allem Weltgeschehen, jedem Menschenleben letztlich zugrunde liegt: ›Die Geschichte eines empfindlichen Herzens, das sich unvermittelt schrecklich einsam fühlt . . .‹

Gustave Coquiot erzählt uns: ›Ich liebte Montmartre in festlicher Ausgelassenheit. Utrillo dagegen liebte Montmartre in nächtlicher Verlassenheit, den Montmartre, der, in seiner Dorfeinsamkeit schlafend, Paris beherrscht. Nachts konnte er die Straßen durchstreifen, ohne angesprochen zu werden. Oft überraschte ich ihn da in Betrachtung eines künftigen Bildes. Dann verschwand er ins Leere, die Hände in den Taschen, worein er alles steckte: Zigaretten, Brot, Muscheln, Schnapsflaschen, Orangen — alles, je nach Zufall und Jahreszeit.‹

Ja, er war doch ein Kind der Montmartre-Straßen: der Straßen, die ihn in die Spelunken, in den Trunk und in die Gosse führten; der Straßen, die ihn seinen Passionsweg durch Grausamkeit, Hohn und Demütigung immer weiterführten. Aber auch der Straßen, die ihn zu den letzten Wahrheiten dieses Erdendaseins gelangen ließen,

wo er auch seine Träume und seine Wunder zu finden wußte. Er war ein Kind dieser Straßen, in denen er alles Banale, Armselige kraft seiner reinen Kinderseele in lauter Köstlichkeiten verwandeln konnte.

> ›La rue avec ses maisons blêmes
> Ses débits, ses trottoirs luisants
> Et ses hasards, toujours les mêmes . . .
> Sous le métro de la Chapelle
> Près des garnis à vingt-cinq sous
> C'est toujours lui, cet homme saoul,
> Qui bat les murs et qui appelle
> On ne sait qui, d'on ne sait où.‹

So hat es der Dichter Francis Carco in wenige Zeilen gebannt. Der einsame, trunkene Rufer, das könnte Utrillo sein, der nächtliche Wanderer. Er ist als ›Maler des Montmartre‹ zur Stimme aller Namenlosen geworden, deren Stimmen dort ungehört verhallen.

1909 trennt sich Suzanne Valadon von Paul Mousis. Sie hat nur relativ selten während dieser fast zwanzig Jahre andauernden Verbindung ausgestellt. Hatte sie auch malen können, ohne auf Verkäufe oder einen anderen Broterwerb angewiesen zu sein — der Preis für die Muße war offenbar bitter gewesen und schließlich ein Hindernis für ihre künstlerische Entfaltung. Es ist auffallend, daß man kaum Bilder von ihr (jedenfalls keine Gemälde) aus der Zeit vor 1909 kennt. Die ›Pantherin‹ war nicht mehr zu bändigen im goldenen Ehekäfig, und sie brach nun aus. Noch im gleichen Jahr heiratete sie den talentierten Maler André Utter, einen jungen, männlich-schönen Burschen von dreiundzwanzig, den ebenso sensiblen wie intelligenten Gefährten ihres künftigen Schaffens.

Das Doppelbildnis der beiden (unter dem Titel *Adam und Eva* im Musée National d'Art Moderne, Paris), 1909 gemalt, steht exemplarisch für die Fülle kraftvoller Bilder, die Suzanne Valadon von nun an bis zu ihrem Lebensende mit ungebrochener Energie geschaffen hat. Immer sagt sie unerbittlich die Wahrheit, die ganze Wahrheit, wie in diesen beiden Akten. Wo das zimperliche Auge des Spießbürgers hier ›Häßlichkeit‹, dort ›vulgäre Sinnlichkeit‹ entdeckt, faßt ihr leidenschaftliches Auge *alle* Aspekte der Wirklichkeit zu der herrlichen Einheit zusammen, die *immer* ja sagt. Diese ›saine violence‹ (›gesunde Gewaltsamkeit‹) ist das Adelsprädikat ihrer Kunst — und wer müßte dabei nicht immer wieder an ihren Sohn denken! Utrillo spricht von seinem ›wilden Durst nach Wirklichkeit‹. Hier wird —

wie in so vielen Bekenntnissen von Mutter und Sohn —
nur mit etwas anderen Worten dasselbe ausgesagt. Die
Malerin von *Adam und Eva* und der ›Maler des Montmartre‹: sie haben auf Erden beide verstanden, im Pa-
radies zu leben (vielleicht gerade, weil sie auch die Hölle
kannten?) . . .
Ebenfalls in diesem denkwürdigen Jahr 1909 stellt
Suzanne Valadon erstmals im Salon d'Automne (Herbstsalon) aus, und zum erstenmal gleichzeitig mit ihrem
Sohn. Im Katalog folgen sich ihre Namen:

> Utrillo (Maurice), *Pont Notre-Dame*
> Valadon (Suzanne), *Été* [Sommer]

Dies ist nicht das einzige Zeichen von gemeinsamer
Arbeit. André Utter hat mehr Verständnis für das pro-
blematische Leben Utrillos als seinerzeit der Hausherr
von Montmagny. Es kommt später mehrfach zu einer
Ateliergemeinschaft der drei Maler. Im Schloß Saint-
Bernard (seit 1924) und in der Villa der Avenue Junot
auf dem Montmartre (seit 1926) hat auch Utrillo jeweils
ein eigenes Atelier zur Verfügung.
Sonst allerdings ändert sich wenig am unsteten Leben
Utrillos. Er versinkt immer tiefer in der Trunksucht.
Die Exzesse häufen sich, die Zwischenfälle in der Öf-
fentlichkeit, Zusammenstöße mit der Polizei und Verhaftungen, ebenso die Aufenthalte in Heilanstalten, zum
Teil zwangsweise Internierungen. Fast immer wird auch
die Mutter mit hineingezogen. Sie muß für ihren ›unzurechnungsfähigen‹ Sohn bei der Polizei intervenieren
und ist, wie man sich vorstellen kann, in ständiger Un-
ruhe. Entgegen anderen Darstellungen darf man wohl
sagen, daß sie wie auch André Utter Jahrzehnte hindurch immer ein Höchstmaß an Verständnis und Ge-
duld bewiesen haben.

Heilanstalten und Haftanstalten

Im Rückblick auf das Gesamtwerk Utrillos sehen viele
Kenner und Verehrer seines Werkes bereits die Gemälde seiner ›weißen Epoche‹ (1907—1914) als seine
überragenden Meisterwerke an. Es gibt sogar Stimmen,
die schon um 1916—1919 von ›Abstieg‹, von begin-
nendem ›Verfall‹ sprechen, ja, die konstatieren, schon
zu dieser Zeit habe er sich selbst ›überlebt‹. Diese Ansichten sollen hier nicht diskutiert werden. Tatsache ist,
daß etwa seit 1920 eine allgemeine Anerkennung sich
durchzusetzen beginnt, daß die Kunsthändler nun an-
sehnliche Preise bezahlen, die Sammler großes Interesse
zeigen und dem Maler auch von seiten des Staates Auf-
merksamkeit geschenkt wird: 1928 ernennt man den
Fünfundvierzigjährigen zum Ritter der Ehrenlegion.
Dabei wird leicht vergessen, daß er einen Weg von gut
zwanzig Jahren zurücklegen mußte, bis er so bekannt
und anerkannt war, daß er bei den ständigen Zwischen-
fällen, die sich als Folge seiner Alkoholexzesse ereig-
neten, mit ein wenig Rücksichtnahme von seiten der
Polizeibehörden rechnen konnte.
Erst seine Heirat (1935) machte den einsamen Streif-
zügen durch die Straßen von Paris ein Ende. Erst von
da an kam es nicht mehr vor, daß er ›öffentliches
Ärgernis‹ erregte.
Bis dahin aber hat er seine Malerei einem gespenstischen
Dasein abgerungen, einem schrecklich verworrenen
Leben, einer Finsternis, in der die Stunden des Schaffens
Sternstunden der Klarheit waren.
Es ist fast unvorstellbar, woher er die Kraft nahm zu
diesem Schaffen, das ohne Vorbilder, ohne einen sogenannten ›Werdegang‹ dennoch konsequent heranreifte.
Die zittrige Hand des Trinkers wurde dann plötzlich
zur souveränen Hand eines Künstlers, dem — unglaublich — auch alle technischen Mittel der großen Meister
mühelos zur Verfügung standen. Deshalb darf nicht vergessen werden, zu der Klarheit und Stille, zum schwere-
losen Farbenzauber der Bilder auch den makabren
Abgrund zu erwähnen, aus dem diese Werke auf unerklärliche Weise auftauchten . . .

›. . . da torkelt ein Trunkenbold durch die Straßen, ein
Entgleister, die Spottfigur eines Unzurechnungsfähigen,
ein menschliches Wrack, das irgendwo steuerlos in der
Gosse strandet. Da schleppt sich einer von Kneipe zu
Kneipe, gerät aus den Kneipen ins Polizeigefängnis,
vom Gefängnis ins Asyl, vom Asyl ins Hospital, vom
Hospital in die Zwangsinternierung, zu seiner verzweifelten, ratlosen Mutter, in die Trinkerheilanstalt. Diese
Elendsgestalt wird vom Pöbel verspottet, von Kinder-
schwärmen gejagt, von Vagabunden mißhandelt, von
Unterweltstypen zusammengeschlagen, von Lumpen-
händlern ausgeplündert, von rabiaten Polizisten schika-
niert, herumgestoßen, eingesperrt, von großmäuligen
Händlern gedemütigt, zynisch übers Ohr gehauen . . .
Und dieses haltlose Bündel Mensch, wehrlos dem Alkohol verfallen, malt, wenn seine Stunde gekommen ist,
und — ›Das Zinkweiß macht mich durstig!‹ — torkelt
bald wieder den Kaschemmen zu, den übelsten Sumpf-

löchern des Suffs . . . und der wahnsinnige Teufelskreis beginnt von vorne . . .‹

1912 wird Utrillo zum erstenmal in die Heilanstalt von Sannois eingeliefert, wo ihn Dr. Revertegart behandelt. 1914: zweiter Aufenthalt in Sannois. 1916: von August bis November im Asyl von Villejuif. 1917 wird Utrillo schwerkrank ins Hospital Saint-Louis überführt. 1918: Internierung in der Heilanstalt Aulnay-sous-Bois. Nach einiger Zeit gelingt es ihm, aus der Zwangsinternierung zu entfliehen. Doch bald darauf begibt sich Utrillo freiwillig in die Anstalt von Picpus. 1919: Zweiter, längerer Aufenthalt in Picpus. 1921: Kurzer Aufenthalt in der ›Santé‹ in Paris, anschließend Internierung in Sainte-Anne, dann in der Anstalt von Ivry. In Ivry befindet sich Utrillo zum elftenmal in einer Heilanstalt (zwischen 1901 und 1921) — und zum letztenmal.

In der Polizeipräfektur von Paris ist Utrillo in einer Kartei erfaßt. Seine Karte trägt den Vermerk: ›reconnait‹ (Polizeijargon für ›on le reconnait‹), was soviel bedeutet wie ›der Polizei (als Trunksüchtiger) bekannt‹. Besonders 1912 ist ein Jahr ständiger Verhaftungen (obwohl er ja ohnehin einen Teil dieses Jahres in der Heilanstalt Sannois verbringt). Er wird beim geringfügigsten Anlaß oder Vorwand in Arrest genommen. 1914 ist wieder ein solches Jahr. Einmal hält man ihn vier Tage fest, bis seine Mutter ihn herausholen kann. Verschiedentlich wird er aufgrund von Anzeigen festgenommen: Er hat eine größere Scheibe zertrümmert oder (angeblich) Leute belästigt. Ähnliche Vorfälle häufen sich noch einmal 1917 in den Polizeiakten. 1924 wird er eines Abends von einer Polizeistreife in der Rue Cortot blutüberströmt und mit schweren Kopfwunden aufgefunden. Die Gendarmen geben zu Protokoll, er habe versucht, sich an der Hausmauer des Reviers den Kopf einzuschlagen. Seine Mutter ist zu dieser Zeit auf dem gemeinsamen Besitztum Valadon-Utter-Utrillo bei Lyon: Chateau Saint-Bernard. Man fürchtet anfangs um das Leben des Verletzten, dann schickt man ihn aber (mit Kopfverband) auf die Reise nach Saint-Bernard.

Das unverwundbare Wunder

Wie war es Utrillo möglich, verwüstet von Kneipennächten und Zusammenbrüchen, tagsüber mit einer solchen Klarheit und konstruktiven Energie zu malen, geheimnisvolle Farben mit traumhafter Sicherheit aufeinander abzustimmen?

Wir wissen die Antwort nicht. Wir wissen nur, daß er seine künstlerische Kraft trotz seiner Trunksuchtsanfälle und seines Vagabundenlebens nicht einbüßte. Wir können uns überzeugen: Seine geradlinige künstlerische Entwicklung wird von Krisen, Krankheit, Internierungen nicht unterbrochen. Ja, es scheint, sie wird von diesen Ereignissen nicht einmal berührt. Sie muß sich wohl auf einer völlig anderen Ebene vollziehen. In einem Bereich — nein, sagen wir es ruhig genauer: in einem Wesenszentrum, das von den Wunden nicht getroffen wird, die der Alkohol oder die Menschen ihm zufügen.

Was als schlimmes Erbe seinen Körper von Geburt an zu einem untauglichen ›Gehäuse‹ macht und dieses ›Gehäuse‹ von innen her immer mehr zerfrißt — auch das verwundet offenbar nicht jenes rätselhafte Zentrum seiner Kunst.

Mehr läßt sich darüber nicht sagen. Warum auch? Haben wir nicht seine Bilder? Sollten sie uns nicht genug sein — und mehr als genug!

Wir haben die Malerei seiner Anfänge. Schon darunter befindet sich — wir erwähnten es bereits — mancher ›große Wurf‹. Wir haben dann den so frühen Gipfel seiner ›weißen Epoche‹ zwischen 1907 und etwa 1914. Schon um 1912 (Heilanstalt Sannois! ›Polizei-Jahr‹!) bemerken wir eine Lockerung der strengen ›weißen Melancholie‹. Perlmuttschimmerndes Licht breitet sich aus; zarte Wolken wehen über seine bleichen Himmel. Utrillos sogenannte ›farbige Epoche‹, deren Beginn um 1920 angesetzt wird (Tafeln 30, 31, 33), bereitet sich schon 1916/17 (Asyl Villejuif, Hospital Saint-Louis!) deutlich vor (Tafeln 26, 27). Utrillos Palette wird reicher, seine Farben geraten in Brand, schmelzen, glühen manchmal — während aber andererseits auch härtere Formen hinzukommen, schärfere Akzente zu den großen ruhigen Flächen der ›weißen Epoche‹ Kontraste bilden.

Nach der Kriegszeit, die ganz allgemein den Kunsthandel lähmte, hat Utrillo bald erste größere Erfolge zu verzeichnen (1920/21: ›Santé‹, Sainte-Anne, Ivry!). Seine Verkäufe ermöglichen den Erwerb des Chateau Saint-Bernard im Lyonnais, wo Utrillo bis 1934 jeden Sommer verbringt und für Suzanne Valadon eine bedeutende neue Epoche beginnt (doch bleibt ihr eigenartigerweise die gebührende Anerkennung noch immer versagt).

Die Erfolge Utrillos nehmen immer spektakulärere Ausmaße an, seine Bilder sind immer mehr gefragt. Große Ausstellungen finden statt. Für Diaghilews Ballett ›Barabau‹ entwirft er die Dekorationen und Kostüme. Es ist das denkwürdige Jahr 1926, das hier noch erwähnt sei. An dieser Stelle sollen jedoch nicht die Ehrungen, Auszeichnungen und Ausstellungen aufgeführt werden: hier hat Wesentlicheres seinen Platz. Doch der ›Maler des Montmartre‹ bezieht jetzt sein erstes wirkliches Montmartre-Atelier, das diesen Namen eher verdient als seine früheren, meist recht provisorischen Arbeitsstätten auf der ›Butte‹. Es befindet sich in der Avenue Junot, in einer Villa, die er sich zusammen mit Suzanne Valadon und André Utter dort hat bauen lassen. Im selben Jahr erzielt Utrillos *L'Église Saint-Séverin* auf einer Auktion den phantastischen Preis von 50 000 Francs! Die Zeit der Fünf-Francs-Bilder für Clovis Sagot liegt einundzwanzig Jahre zurück . . .

›La Bonne Lucie‹ oder ›Die notwendige Not‹

Vor Utrillos Bildern wurde uns bewußt, daß dieser dem Trunk verfallene Elende einen rätselhaften Reichtum besaß — gleichsam eine geheime Schatztruhe, aus der er jederzeit die Kraft zu makellosen Bildern entnehmen konnte, Wahrzeichen einer lauteren Kinderseele, erfüllt von Unschuld und Keuschheit, völlig jenseits unseres Begriffsvermögens. Und dieser Schatz hatte in der Gosse niemals Schaden genommen. Trotzdem war der Gedanke nur natürlich, ihm, zum Besten seiner Kunst, so etwas wie eine ›Rettung‹ in die Geborgenheit sorgenlosen Schaffens zu wünschen.

Diese Rettungsstunde scheint endlich gekommen, als Utrillo am 18. April 1935 Lucie Valore heiratet. Er nennt sie ›La bonne Lucie‹, und auch die komfortable Villa, die sie im eleganten Pariser Vorort Le Vésinet als künftige Stätte der Geborgenheit (für die letzten zwanzig Jahre seines Lebens) für ihn auswählt, wird auf den Namen ›La Bonne Lucie‹ getauft. Zugegeben: Das kommt alles etwas plötzlich und wird mit einem resoluten Griff in die Wege geleitet, der überrascht. Das ist nicht die traumhaft durchs Leben tastende Hand Utrillos. Das ist die umsichtige Energie seiner ›bonne Lucie‹, die auch sofort einen tüchtigen Kunsthändler ›mit in die Ehe bringt‹, dem noch im selben Jahr die Exklusivrechte am Gesamtwerk Utrillos übertragen werden: Die eben gegründete Galerie Paul Pétridès präsentiert nun fast jedes Jahr eine Ausstellung mit neuen Utrillos: 1938 vierzig neue Bilder, 1939 dreißig neue Bilder — und so fort . . .

Wer ist ›La bonne Lucie‹, die fleißige Gärtnerin dieser überwältigend ausbrechenden ›Schaffensblüte‹ von Le Vésinet? Françoise-Alexandrine-Lucie Veau, Ex-Schauspielerin und Witwe des belgischen Finanzmanns Pauwels, hat selbst Ambitionen in der Malerei — unter dem Künstlernamen Lucie Valore. Mit dem italienischen Wort ›Valore‹ verbürgt sie schon vorab ›Wert‹ und ›Vortrefflichkeit‹ ihrer Kunst. ›Madame Utrillo-Valore‹ ist ohne Zweifel noch klangvoller — aber auch verantwortungsvoller: Es geht um das Werk des ›Malers vom Montmartre‹. Weitab von seinem geliebten Montmartre malt er nun unentwegt Montmartre-Bilder . . .

Aber können es die gleichen sein, wie er sie den von Geburt an vertrauten Winkeln unmittelbar aus ihrem beredten Gemäuer abgelauscht hat? Er verstand die Sprache der traurigen Fassaden, der öden Straßen, der düsteren Plätze. Und hat er sie nicht auf seinen nächtlichen Streifzügen stets erneut befragen müssen, eben weil er ihre Antwort immer wieder bitter nötig brauchte? Was konnte er malen, wenn er nicht ihre Antworten malte? Litt er nicht unter dem Heimweh, unter der fehlenden Zwiesprache mit diesen alten, verschimmelten Mauern? Was solche Zwiesprache bedeuten kann, hat in ein paar deutschen Versen ein Bruder im Geiste, auch so ein trunkener ›Mauernbefrager‹, der Dichter Ringelnatz, ganz im Sinne Utrillos ausgesagt. Wollen wir uns doch von ihm ein wenig helfen lassen, den ›Maler von Montmartre‹ noch besser zu verstehen:

Alte Mauer, die ich oft benässe,
Weil's dort dunkel ist.
Himmlisches Gefunkel ist
In deiner Blässe.

Pilz und Feuchtigkeiten
Und der Wetterschliff der Zeiten
Gaben deiner Haut
Wogende Gesichter,
Die nur ein Dichter
oder ein Künstler
Oder Nureiner schaut.

›Können wir uns wehren?‹
Fragt's aus dir mild.
Ach, kein Buch, kein Bild
Wird mich so belehren . . .

Etwas davon blieb.
Weil mir deine Flecken
Ahnungen erwecken,
Mauer, dich hab ich lieb . . .

Ja, auf die Frage: ›Wie *bonne* war die *bonne Lucie?*‹ gibt es viele Antworten, die einander scharf widersprechen. Pétridès spricht von der ›liebenswerten Gefährtin‹, von ›kluger Fürsorge‹, von einer ›beträchtlichen Lebensverlängerung‹. Und sicher hat er nicht unrecht. Aber Michel Georges-Michel nennt ›La bonne Lucie‹ eine ›infirmière abusive‹, eine ›Krankenwärterin, die ihn mißbrauchte, ausbeutete‹. Können wir ihm ohne weiteres widersprechen? Andere Stimmen sprechen von einer ›strengen Gattin, die ihn in einem luxuriösen Gefängnis hielt und als Kuriosität auf Empfängen herumreichte‹. Ein Augenzeuge berichtet von einem solchen Empfang im Carlton-Hotel in Cannes, wo Utrillo, ›nur noch ein Schatten seiner selbst, eine Monographie über Lucie Valore signieren mußte, um deren bescheidenen Ruhm zu fördern. Von Zeit zu Zeit bäumte er sich auf, Schaum vor dem Munde — zum Entsetzen des mondänen Publikums. Aber die starke Hand seiner Frau brachte den Widerspenstigen schnell zur Räson. Er wurde wieder zum gefügigen Kind . . .‹ Edmond Heuzé dagegen hat in Lucie Valore des alten, kranken Mannes ›Schutzengel‹ gesehen . . .

Wer aber sein wahrhaftiger Schutzengel war, hat Utrillo selbst Francis Carco anvertraut. ›Komm herein‹, empfing er den Besucher in Le Vésinet auf der Türschwelle. ›Ich werde dir meinen Schutzengel zeigen!‹ Mit diesen Worten wies er auf ein lebensgroßes Foto von Suzanne Valadon. ›Es ist wunderbar, sie immer vor mir zu haben, immer ganz nahe bei mir!‹

Suzanne Valadon, die ihn auf dem Montmartre geboren hatte, war ihm zur Verkörperung dieses Mikrokosmos geworden, der alles beinhaltete, was für ihn im Innersten bedeutungsvoll war. Der Montmartre war seine Mutter, seine Seele, sein Kosmos.

Suzanne Valadon war drei Jahre nach seinem Einzug in die Villa ›La Bonne Lucie‹ voller Trauer und Verzweiflung gestorben. Sie war ihrem Sohn niemals so etwas wie ›die ideale Mutter‹ gewesen. Aber sie haben sich beide auf ihre Art verehrt, geliebt und zutiefst verstanden.

Werfen wir nur noch einen letzten Blick auf Lebensende und Lebenswerk von Maurice Utrillo, der am 5. November 1955 in Dax (Landes) zweiundsiebzigjährig starb. Ein letztes Zeugnis, dessen Einsichten uns nachdenklich stimmen, soll am Abschluß stehen:

›Utrillo war seit Beginn seines umsorgten Lebens in Le Vésinet zu einem zerbrechlichen, sauber gepflegten und wohlgehaltenen Greis geworden, zu einem guten Ehemann und braven Staatsbürger, zu einem kleinen schüchternen Bourgeois, zu einem bigotten, unterwürfigen, hochgeehrten und berühmten Maler, der nicht mehr malte, um etwas zu erschaffen, sondern nur noch produzierte. Der mystische Elan, eine höhere Trunkenheit, hatte seinen frühen Bildern eine echte Religiosität verliehen. Seit ihm der Gottesdienst zur frommen Gewohnheit wurde, konnte er Kirchen nicht mehr mit der einstigen Inbrunst malen. ,Bürgerlich‘ geworden, verlor er die Reinheit seiner Inspiration. Als er seine ,Untugenden‘ zügelte, verließ ihn die Begnadung.

Utrillo war in seinen Schwächen stark. Als seinen einzigen Reichtum hatte er sein Elend und seine Unschuld besessen.‹

Tafelteil

Tafel 1   Maurice Utrillo, *La Butte Pinson*, 1906/07, Sammlung Walter-Guillaume, Louvre, Paris

Tafel 2   Maurice Utrillo, *Rue Lepic et le Moulin de la Galette*, 1908, Galerie Pédridès, Paris

Tafel 3 Maurice Utrillo, *Square Saint-Pierre à Montmartre*, 1908, Galerie Pétridès, Paris

Tafel 4   Maurice Utrillo, *La Butte Pinson à Montmagny*, 1908, Musée de l'Annonciade, Saint-Tropez

Tafel 5   Maurice Utrillo, *Le ›Lapin Agile‹*, 1909, Musée Calvet, Avignon

Tafel 6   Maurice Utrillo, *La Maison Chaudouin à Montmartre,* etwa 1909, Privatsammlung, Bern (Foto: Mercurio)

Tafel 7   Maurice Utrillo, *Basilique de Saint-Denis,* etwa 1908, Kunsthaus, Zürich

Tafel 8   Maurice Utrillo, *La Terrasse de Café, Rue Muller,* 1909, Kunstmuseum, Bern

Tafel 9 Maurice Utrillo, *Rue Custine,* 1909, Galerie Pétridès, Paris

Tafel 10   Maurice Utrillo, *Le Jardin à Montmagny*, etwa 1909, Musée National d'Art Moderne, Paris

Tafel 11   Maurice Utrillo, *Le Jardin de Renoir à Montmartre*, 1909/10, Sammlung Grégoire Tarnopol, New York

Tafel 12   Maurice Utrillo, *Rue du Mont-Cenis,* 1910, Musée National d'Art Moderne, Paris

Tafel 13 Maurice Utrillo, *Cathédrale de Chartres,* etwa 1910, Sammlung Mr. and Mrs. Alex M. Lewyt, New York

Tafel 14   Maurice Utrillo, *Passage Cottin,* etwa 1910, Musée National d'Art Moderne, Paris

Tafel 15   Maurice Utrillo, *Rue Ravignan*, etwa 1911, Sammlung Grégoire Tarnopol, New York

Tafel 16 Maurice Utrillo, *Arrestation à Montmartre de Maurice Utrillo (Festnahme Utrillos auf dem Montmartre)*, 1912, Privatsammlung, Bern (Foto: Howald)

Tafel 17   Maurice Utrillo, *Rue Norvins*, 1912, Kunsthaus, Zürich

Tafel 18   Maurice Utrillo, *Place du Tertre*, etwa 1911/12, Tate Gallery, London

Tafel 19   Maurice Utrillo, *Le Quatorze Juillet, Place du Terre*, etwa 1914, Sammlung Erna Natadon, Harrison, USA

Tafel 20 Maurice Utrillo, *La Maison de Berlioz*, 1914, Sammlung Walter-Guillaume, Louvre, Paris

Tafel 21   Maurice Utrillo, *Église Notre-Dame à Clignancourt*, 1913—1915, Sammlung Walter-Guillaume, Louvre, Paris

Tafel 22   Maurice Utrillo, *La Grande Cathédrale*, 1913, Sammlung Walter-Guillaume, Louvre, Paris

Tafel 23   Maurice Utrillo, ›*La Belle Gabrielle*‹, etwa 1914, Privatsammlung, Mailand

Tafel 24   Maurice Utrillo, *Rue du Mont-Cenis*, 1914, Sammlung Walter-Guillaume, Louvre, Paris

Tafel 25 Maurice Utrillo, *La Maison de Berlioz et le Pavillon de Chasse de Henri IV (Das Haus von Berlioz und der Jagdpavillon Heinrichs IV.)*, etwa 1917,
The Art Gallery of Toronto, Toronto

Tafel 27 Maurice Utrillo, *Rue des Saules,* etwa 1917, Kunstmuseum, Winterthur

Tafel 26 Maurice Utrillo, *La ›macchia‹ à Montmartre,* etwa 1916, Sammlung Marcus Diener, Basel,

Tafel 28   Maurice Utrillo, *Place des Abesses*, etwa 1918, Sammlung Félix Rom, Zürich

Tafel 29   Maurice Utrillo, Le ›Théâtre de l'Atelier‹, Place Dancourt, etwa 1920, Wallraf-Richartz-Museum, Köln

Tafel 30   Maurice Utrillo, *Moulin de la Galette*, 1920, Privatsammlung, Paris

Tafel 31   Maurice Utrillo, *Place du Tertre*, 1920, Sammlung Sponagel-Hirzel, Zürich

Tafel 32   Maurice Utrillo, *Rue Saint-Vincent,* etwa 1918, Nationalmuseum, Belgrad

Tafel 33   Maurice Utrillo, *Rue des Saules,* etwa 1921, Privatsammlung, Paris

Tafel 34   Maurice Utrillo, *L'artiste au travail à Montmartre (Der Künstler bei der Arbeit)*, 1928, Galerie Pétridès, Paris

Tafel 35   Maurice Utrillo, *Rue du Mont-Cenis,* etwa 1929, Nationalmuseum, Belgrad

Tafel 36   Maurice Utrillo, *Sacré-Cœur*, 1934, Kunstmuseum São Paulo, Brasilien

Tafel 37   Maurice Utrillo, *Le ›Lapin Agile‹ sous la neige (Das Cabaret ›Lapin Agile‹ im Schnee)*, 1937, Privatsammlung, Paris
(Foto: Giraudon)

Tafel 38   Maurice Utrillo, *Moulins à vent, Montmartre (Windmühlen auf dem Montmartre)*, 1948, Sammlung Dr. and Mrs. Harry Bakwin, New York

Tafel 39   Maurice Utrillo, *Bühnenbild-Entwurf für den 3. Akt von Charpentiers* ›Louise‹ *an der Opéra Comique, Paris*, 1948, Musée de l'Opéra, Paris

Tafel 40   Maurice Utrillo, *Bühnenbild-Entwurf ›Louise‹, 1. Akt,* 1948, Musée de l'Opéra, Paris

Tafel 41   Maurice Utrillo, *Bühnenbild-Entwurf ›Louise‹, 1. Akt,* 1948, Musée de l'Opéra, Paris

Tafel 42   Maurice Utrillo, *Quai de Passy sous la neige*, 1955, Hôtel de Ville, Paris

Tafel 43 Maurice Utrillo, *Montmartre*, 1955, Hôtel de Ville, Paris

Tafel 44 Georges Michel (genannt Michel de Montmartre), *Montmartre-Ansicht,* Louvre, Cabinet des Estampes, Paris (Foto: Josse)

Tafel 45   Jean-Baptiste-Camille Corot, *Le Moulin de la Galette à Montmartre*, 1840, Musée d'Art et
d'Histoire, Genf (Foto: J. Arland)

Tafel 46   Jean-Baptiste-Camille Corot, *Rue Saint-Vincent,* 1850—1856, Musée des Beaux-Arts, Lyon

Tafel 47   Vincent van Gogh, *Paris, vue de Montmartre (Blick vom Montmartre auf Paris)*, 1886, Kunstmuseum, Basel (Foto: Hinz)

Tafel 48   Vincent van Gogh, *Le Café du Point de Vue, Montmartre*, 1886/87, Chicago Art Institute, Helen Birch
Bartlett Memorial Collection, Chicago

Tafel 49   Alphonse Quizet, *Rue des Saules,* Musée d'Art Moderne de la Ville de Paris, Paris

Tafel 50 Edgar Degas, *Café Boulevard Montmartre,* 1877, Louvre, Cabinet des Dessins, Paris

Tafel 51   Henri de Toulouse-Lautrec, *La Buveuse (Die Trinkerin,* Modell: Suzanne Valadon), 1889,
              Musée Toulouse-Lautrec, Albi

Tafel 52   Théophile-Alexandre Steinlen, *Plakat für die ›Chansons de Montmartre‹ von Paul Delmet*, etwa 1899,
Bibliothèque Nationale, Cabinet des Estampes, Paris

Tafel 53   Théophile-Alexandre Steinlen, *L'Heure du Déjeuner (Mittagspause),* Bibliothèque Nationale,
Cabinet des Estampes, Paris

Tafel 54   Théophile-Alexandre Steinlen, *Bal de Barrière*, 1898, Bibliothèque Nationale, Cabinet des Estampes, Paris

Tafel 55   Pierre Bonnard, *Boulevard de Clichy*, 1898, Sammlung R. J. Sainsbury, London

Tafel 56   Giovanni Boldini, *Aufbruch nach einem Karnevalsball des Montmartre,* 1875, Privatsammlung, Pistoia

Tafel 57   Gino Severini, *Avenue Trudaine,* 1908, Privatsammlung, Paris

Tafel 58 Juan Gris, *Nature morte, Rue Ravignan (Stilleben mit Rue Ravignan)*, 1915, Museum of Art, Philadelphia

Tafel 59   Raoul Dufy, *L'Atelier à l'Impasse Guelma,* 1939, Sammlung Bérès, Paris

Tafel 60 Suzanne Valadon, *Selbstbildnis,* 1883, Musée National d'Art Moderne, Paris

Biographien

Pierre Bonnard, *Maison dans la Cour (Hinterhaus)*, 1895 (Farblithographie), Bibliothèque Nationale, Cabinet des Estampes, Paris

Giovanni Boldini

Geboren am 31. Dezember 1842 in Ferrara, gestorben am
11. Januar 1931 in Paris. Er kommt aus einer sehr kinder-
reichen Familie (der achte von insgesamt wohl dreizehn
Söhnen). Besucht die Universität, interessiert sich aber wäh-
renddessen bereits viel mehr für die Gemälde und Fresken der
alten Meister, die er aufmerksam studiert. 1863 geht er nach
Florenz, wo er sich tagsüber in den Galerien und Museen
intensive Kenntnisse aneignet und abends die berühmte Kunst-
akademie dieser Stadt besucht. Er führt das Leben eines ziel-
strebigen Künstlers: Neben seinen Malstudien verkehrt er
eifrig in den Kreisen der besseren Gesellschaft.
Zur Weltausstellung 1867 kommt er zum erstenmal nach Paris.
Er ist vom pulsierenden Leben der Weltstadt und Kunstmetro-
pole, von diesem Zentrum bedeutender Meister und junger,
nach künftigem Ruhm strebender Kräfte, tief beeindruckt.
Nach Florenz zurückgekehrt, stürzt er sich mit Feuereifer in
die Arbeit: er malt Porträts und übt sich unablässig in der
Kunst, Szenen des täglichen Lebens blitzschnell zu erfassen
und mit kühnen Pinselzügen festzuhalten.
Im Herbst 1870 erhält er eine Einladung von Sir Cornwallis-
West nach London, um dessen Familie zu porträtieren. Dieser
hatte den Maler in Florenz kennengelernt. Boldinis Ruhm
verbreitet sich schnell in der britischen Hauptstadt. Die bekanntesten Persönlichkeiten der Londoner Gesellschaft drängen
sich, um sich von Boldini porträtieren zu lassen.
Trotzdem bleibt Paris das Ziel seiner Wünsche. Als er 1871
dorthin übersiedelt, hegt er noch den Plan, eines Tages nach
Italien zurückzukehren, wenn er sich in Paris einen Namen
gemacht hat: doch für alle Zukunft, bis an sein Lebensende,
ist die Seine-Metropole seine zweite Heimat, und man wird ihn
zu den großen Namen der Pariser Malerei zählen.

In Paris liebt er vor allem das turbulente, freizügige Leben
und Treiben des Montmartre. Berufsmodelle interessieren ihn
nicht. Wie später einmal der weltberühmte Fotograf Cartier-
Bresson, bevorzugt er die ›Momentfotografie‹, den mit scharfer
Beobachtungsgabe und einem ausgeprägten Sinn für Humor
eingefangenen Augenblick (vgl. Tafel 56).
In kürzester Zeit ist er eine populäre Figur und ein vielbewun-
derter Maler in Pariser Künstlerkreisen. Die Händler reißen
sich um seine Bilder. Sein Atelier am Place Pigalle ist bald ein
Zentrum, wo illustre Namen sich ein Stelldichein geben und er
zahlreiche neue Freunde gewinnt: den Grafen Henri Rochefort,
Förderer der Avantgarde, Toulouse-Lautrec, die Goncourts . . .
Degas nennt ihn ›un monstre de talent‹ und bewahrt in seinem
Atelier eine Ölskizze Boldinis auf, einen Pferdekopf, den er
immer wieder staunend betrachtet, während er vor sich hin-
murmelt: ›C'est de la magie . . .!‹
Der Herbstsalon 1875 ist ein triumphaler Erfolg für Boldini.
1886 bezieht er eine Villa am Boulevard Berthier. Hier wird
sein Atelier zu einem Treffpunkt schöner Frauen — Damen der
großen Welt, Königinnen der Halbwelt (wie Cléo de Mérode),
Schauspielerinnen und (vom unvergessenen Montmartre) die
bezauberndsten Stars der Music-Hall. Das Gedränge der auf

Pierre Bonnard, *Coin de Rue vu d'en haut (Straßenecke, von oben
gesehen)*, 1895 (Farblithographie), Bibliothèque Nationale, Cabinet des
Estampes, Paris

Porträts und Liebe versessenen Schönen belästigt den Maler oft derart, daß er sie allesamt kurzerhand vor die Türe setzt. 1897 reist Boldini nach New York, wo im November eine Ausstellung seiner Werke eröffnet wird.

Der Vielgeliebte, der aber von der ihn bestürmenden Weiblichkeit eher eine sarkastische Meinung hat, heiratet erst als Siebenundachtzigjähriger (am 19. Oktober 1929) eine italienische Journalistin, die ihm schon einige Jahre nahesteht.

Mit den Meistern der ›Belle Époque‹ war es ihm später beschieden, jahrzehntelang in Vergessenheit zu geraten. Doch heute wird dieses Pauschalurteil wieder korrigiert, und das prophetische Urteil von Gertrude Stein (1900), die in ihm einen Vorläufer der modernen Malerei erkannte, bestätigt sich. Selbst die Abstrakten rechnen ihn zu den Ihren, und Salvador Dalí vergleicht seine Malerei der kühnen Pinselhiebe mit Georges Mathieu.

Pierre Bonnard

Geboren am 30. Oktober 1867 in Fontenay-aux-Roses, gestorben am 23. Januar 1947 in Le Cannet. Anfangs Jurastudium und Referendarexamen. 1888 Kunststudium an der Académie Julian und an der École des Beaux-Arts in Paris. Er lernt Sérusier, Dénis, Ranson, Vallotton und Vuillard kennen, mit

Suzanne Valadon, *Selbstbildnis,* 1903 (Rötelzeichnung auf Papier, Musée National d'Art Moderne, Paris)

Suzanne Valadon, *Porträt Miguel Utrillo,* 1891 (Kreidezeichnung)

denen er 1889 die Nabi-Gruppe gründet. Vergebliche Bewerbung um den Prix de Rome, aber ein erster ermutigender Erfolg mit dem Plakat *France-Champagne,* nach dem er sich endgültig für die Malerei entscheidet. 1890 gemeinsames Atelier mit Dénis und Vuillard. Bekanntschaft mit Toulouse-Lautrec. 1892 stellt er zwei Gemälde bei den ›Indépendants‹ aus, die von der Kritik lobend erwähnt werden. 1893 erste Lithographien in der ›Revue Blanche‹, Bühnenbilder und Kostümentwürfe für das Théâtre de l'Œuvre. Bekanntschaft mit dem Kunsthändler Vollard, der 1895 seine epochemachende Suite von zwölf Lithographien *Quelques Aspects de la Vie de Paris* herausgibt (aus der wir hier zwei Blätter abbilden). Ebenfalls für Vollard illustriert er ›Parallèlement‹ von Verlaine mit 108 Originallithographien, die in unvergleichlicher Weise den Text umspielen und mit ihm eine vollkommene Einheit bilden. Dieses Werk Bonnards gilt als Markstein in der Geschichte des illustrierten Buches.

Erste wichtige Einzelausstellung 1896 bei Durand-Ruel. Seine Gemälde zeigen zunehmend eine sehr eigenwillige, völlig eigenständige Auseinandersetzung mit Licht, das er in immer kühneren wie delikateren Farbenharmonien vibrieren läßt. Es wird zum zentralen Thema seines Lebenswerkes. Bonnard ist ein unermüdlicher Sucher, ständig unzufrieden mit dem Erreichten und um weitere Vollkommenheit bemüht, dabei von einer fast religiösen Bescheidenheit, immer ein demütiger Diener seiner Vision.

1907–1911 Reisen durch Belgien, Holland, England, Italien, Spanien, Tunesien. 1912 erhält er die Légion d'honneur, er weist die Auszeichnung aber zurück. Etwa seit 1911 zahlreiche Ausstellungen in ganz Europa. 1918, zusammen mit Renoir, Ehrenpräsident der Gruppe ›Jeune peinture française‹. Seit dieser Zeit bemühen sich die namhaften Museen in aller Welt, Gemälde von Bonnard zu erwerben. Bonnard arbeitet stets zurückgezogen, unberührt von allen Moden und Zeitströmungen, unbeeinflußt von allen ›Ismen‹, die einander in hektischem Wechsel ablösen.

1925 hatte er ein bescheidenes Haus, ›Le Cannet‹, bei Cannes
erworben. Nach dem Tode seiner Frau, 1942, führt er dort in
den letzten fünf Jahren seines Lebens ein Einsiedlerdasein,
nur seiner Malerei hingegeben.

Jean-Baptiste-Camille Corot

Geboren 1796 in Paris, gestorben am 22. Februar 1875 in
Ville-d'Avray. Corot – dereinst einer der größten französischen
Landschaftsmaler, entscheidender Bahnbrecher der Freiluft-
malerei und damit ein Vorläufer der Impressionisten – wird
als Sohn eines Perückenmachers geboren, der mit seiner Frau
zusammen einen Modesalon betreibt. Dieser sieht in seinem
Sohn ganz selbstverständlich den zukünftigen Geschäftsnach-
folger. Niemand denkt daran, daß er einmal die abenteuerliche
Laufbahn eines Malers einschlagen könnte. Er wird aufs
Gymnasium nach Rouen geschickt und dann fünf Jahre in die

Suzanne Valadon, *Mon fils (Maurice Utrillo)*, 1910 (Zeichnung)

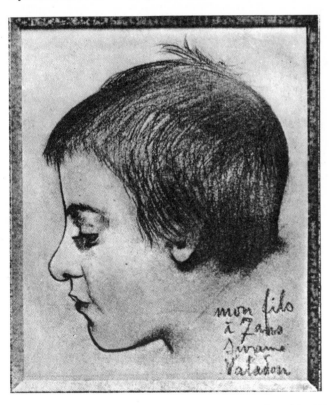

Suzanne Valadon, *Mon fils à 7 ans (Mein Sohn, 7 Jahre alt)*, 1890
(Zeichnung), Galerie Paul Pétridès, Paris

Tuchhändlerlehre. Er macht aber dort durchaus nicht die ge-
wünschten Fortschritte, sondern widmet sich bereits dem Malen. Erst als er 27 ist, resignieren die Eltern, geben seinem
Drängen nach und setzen ihm eine kleine Rente aus.
1822, als Camille Corot mit Erlaubnis des Vaters Maler wird,
haben sich die jungen Künstler gerade in zwei entgegengesetzte
Lager gespalten, die sich unter erheblichem romantischem Ge-
fühlsaufwand heftig bekämpfen: die Anhänger von Delacroix
und die von Ingres. Schon in diesem Augenblick beweist Corot
die ruhige Sicherheit, die ihn sein ganzes Leben hindurch leiten
wird und die auch ein Grundmerkmal seiner Kunst ist. Er geht
unbeirrbar seinen völlig unabhängigen Weg: sein einziges Vor-
bild ist die Natur. Damals, da jedes Bild als Kampfmittel ver-

standen wird und zu einem jeden eine Portion Revolutions-
geschrei unerläßlich scheint, malt der wirkliche Revolutionär
Corot in aller Zurückgezogenheit seine stillen Meisterwerke.
Seine erste Italienreise (1825–1827) gibt ihm die Bestätigung,
daß er auf dem richtigen Wege ist. Corot sucht keine drama-
tischen Sujets nach dem Geschmack seiner Zeit; er bescheidet
sich mit der aufmerksamen Beobachtung der Naturerschei-
nungen. Schon als Schüler des klassizistischen Malers Bertin
wandte er sich von der Ateliermalerei ab: die Weiher und
Wälder rings um Ville-d'Avray, wo sein Vater ein Landhaus
besaß, das feine Spiel des Lichtes in der freien Landschaft
hatten ihn mehr lehren können.
Was er in Rom und dessen Umgebung (Tivoli, Frascati,
Narni), in Neapel, Assisi und Venedig sah, erscheint auf
seinen Bildern ohne Übersteigerung, etwa durch seine stau-
nende Entdeckerfreude. Er malt nur mit den denkbar einfach-
sten Mitteln eine Art ›Bestandsaufnahme‹ des Gesehenen.
Aber so einfach hatte sie vor ihm noch niemand gesehen – das
ist das Neue, das ist seine Größe.
In Frankreich schließt er sich der ›Schule von Barbizon‹ an,
einer Gruppe von Künstlern, die in der Nähe von Fontainebleau vor der Natur malen. Doch da ist er unter einer Reihe
kleinerer Könner der einzige Meister. 1834–1844 ist er fast
ständig in Italien. In Frankreich beschickt er den Salon, wird
aber noch lange verkannt, bis sich um 1848 der Ruhm einstellt,
Regierungsaufträge, Wohlstand.
Doch der Ruhm ist bei seinen Zeitgenossen nur eine beque-
mere Art von Unverständnis: Corot kommt in Mode. 1850 bis
1860 zeigen seine Bilder kostbarste Nuancen lichter Grautöne.
In seinem Spätwerk deuten Landschaften von frischer Farbigkeit noch besonders lebhaft in die Zukunft, auf den kommen-
den Impressionismus, hin. Als berühmter Mann fördert er
freigebig junge Künstler und bleibt selbst bescheiden, heiter –
und unverstanden: Erst im 20. Jahrhundert entdeckt man (was
zu seiner Zeit ihm niemand zugesteht), daß auch einige der
schönsten *Porträts* seines Jahrhunderts von seiner Hand
stammen.

André Utter, *Porträt Maurice Utrillo*, 1910 (Öl auf Karton)

Edgar Degas

Geboren am 19. Juli 1834 in Paris, dort am 27. September
1917 gestorben, beigesetzt auf dem Friedhof von Montmartre.
Der Sohn des reichen Pariser Bankiers Auguste de Gas ent-
stammte einer bretonischen Adelsfamilie. Er ›verbürgerlichte‹
später seinen Familiennamen zu ›Degas‹. Auguste de Gas hatte
1832 eine Kreolin aus New Orleans, Célestine Musson, geheiratet. Edgar ist der erste von drei Söhnen. Die Mutter stirbt
bereits zwei Jahre nach der Geburt des dritten Kindes. Der
Vater ist ein leidenschaftlicher Kunstliebhaber und Kunst-
kenner; durch ihn lernt Edgar schon früh den Louvre und die
großen Pariser Privatsammler kennen. Auf dem Gymnasium
Louis-le-Grand macht er 1853 das Abitur. Ein Schulkamerad,
Henri Rouart, wird ihm in einer lebenslangen Freundschaft
verbunden bleiben.
Noch 1853 beginnt er mit seinen Malstudien, zuerst im Atelier
von Barrias, dann bei Henri Lamothe, einem früheren Meister-
schüler von Ingres. Dieser hat ihm durch Weitergabe der
Lehren Ingres' einen ganz entscheidenden Einfluß vermittelt.
Degas wird in keiner Phase seiner Entwicklung dieses Erbe
verleugnen.
Er kopiert im Louvre und im Cabinet des Estampes der
Bibliothèque Nationale Botticelli, Mantegna, Signorelli, Pous-
sin, Giorgione, Holbein, Dürer, Rembrandt und andere. David
und natürlich Ingres nehmen unter seinen Vorbildern einen
besonderen Platz ein. Von den japanischen Holzschnittmeistern
Utamaro und Hokusai wurde er zu seiner kühnen Raumauf-
teilung angeregt, die alle europäischen Konventionen durch-
bricht.
1854/55 studiert er an der École des Beaux-Arts, und bis 1859
unternimmt er zahlreiche Studienreisen nach Rom, Florenz
und Neapel.

Der Sammler Paul Valpinçon, ein Freund seines Vater, vermittelt ihm eine persönliche Begegnung mit dem fast achtzig-
jährigen Ingres. Dieser gibt ihm den Rat: ›Linien, viele Linien!
Nach der Natur und nach dem Gedächtnis!‹
Des akademischen Unterrichts ist er bald überdrüssig, und er
arbeitet als Autodidakt weiter. 1860 entdeckt er in Mesnil-
Hubert (als Gast von Paul Valpinçon) die faszinierende Welt
der Pferde und Rennplätze.
Um 1865 lernt er Manet kennen und durch ihn die Impressionisten. Er schließt sich dieser Gruppe an, ohne aber die gleichen Ziele anzustreben. So ist sein Thema im wesentlichen
nicht die Landschaft, sondern die menschliche Gestalt. Dabei
versucht er, einen zufälligen Bewegungsausschnitt in eine feste
Form einzufügen: Die ›Zufälligkeit‹ vermittelt den Eindruck
einer ›hart angepackten‹ Wirklichkeit, der Ausschnitt engagiert
den Betrachter (er muß ›angeschnittene‹ Formen ergänzen, d.h.
›mitarbeiten‹). Die feste Bindung einer Kompositionsform be-
tont das Bild als geordnete Fläche. Hierbei sind Flächenwir-
kung und Ordnung (›Gleichnis der Harmonie‹) zwei weitere
Möglichkeiten, ›Hand-Werk‹ und ›Denk-Werk‹ kraftvoll zu
betonen.
Von der Farbzerlegung und Formauflösung der Impressionisten ist Degas also denkbar weit entfernt. Fast könnte man
behaupten: weil er mehr zu sagen hat.
Die Themen seiner berühmten Pastelle — ob Arbeitsalltag,
Café, Montmartre-Amüsement, Rennbahn oder Ballett-Milieu
— haben dazu verleitet, aus der Unerbittlichkeit seines Blicks
auf einen gallbitteren Misanthropen zu schließen. Weit gefehlt!
Hinter dem ›Misanthropen‹ verschanzt sich hier unzweifelhaft
ein übergroßes Zartgefühl.
Von 1885 an hat Degas immer bedrohlicher unter Sehstörun-
gen zu leiden; 1898 ist er weitgehend erblindet. 1912 muß er,
vom Hausbesitzer gezwungen, Wohnung und Atelier in der
Rue Victor-Massé aufgeben, wo er fast zwanzig Jahre gelebt
hat: Eine fast lebensgefährliche Erschütterung für den blinden
Achtundsiebzigjährigen. Es ist Suzanne Valadon, die ihm eine
Wohnung am Montmartre, Boulevard de Clichy, besorgt.
So begegnet ihm, nach zwanzig Jahren und kurz vor seinem
Tode, noch einmal ›la terrible Maria‹. Sie holt ihn für den
Rest seines Lebens zum Montmartre zurück, wo er auch seine
letzte Ruhe findet.

Raoul Dufy

Geboren am 3. Juni 1877 in Le Havre, gestorben am 23. März
1953 in Forcalquier. Schon mit 14 Jahren arbeitet der junge
Dufy im Handelskontor seiner Heimatstadt, um sich das Geld
für eine Kunstschule zu verdienen. Abends um 8 Uhr ist Büro-
schluß in der Kaffeeimportfirma. Da kommt er gerade noch
rechtzeitig in die École Municipale des Beaux-Arts, wo er von
1892 an die Abendkurse besucht. Georges Braque und Othon
Friesz gehören dort zu seinen Studienkameraden. 1899 erhält
er ein monatliches Stipendium von 100 Francs. Damit geht er
nach Paris und setzt dort in der École de la Rue Bonaparte
seine Ausbildung fort. Er arbeitet dort, zusammen mit Friesz,
im Atelier von Léon Bonnat.
1901 stellt er zum ersten Mal ein Bild (*Fin de journée au*

Havre) im Salon des Artistes Français aus, 1903 im Salon des Indépendants und 1905 im Salon d'Automne. Seine erste Einzelausstellung veranstaltet die Galérie Berthe Weill im Jahre 1906. Seit 1904 hat er Kontakt mit den Fauves, und dort bedeutet Matisse für ihn eine Offenbarung. 1905 sieht er dessen Gemälde *Luxe, Calme et Volupté:* ›Vor diesem Bild habe ich den ganzen Sinn des Malens begriffen.‹ Zwischen 1907 und 1908 macht sich ein kubistischer Einfluß bemerkbar: Seine Malerei wird strenger. Geld bringen ihm seine Bilder allerdings noch nicht ein. Das muß er sich mit Graphik und Textildesigns verdienen. Erst als er mit dem Modeschöpfer Paul Poiret bekannt wird, macht dieser ihn durch größere Aufträge für Stoffmusterentwürfe wirtschaftlich unabhängig. Außerdem wird er durch eine Serie von Holzschnitt-Illustrationen zum ›Bestiaire‹ von Apollinaire bekannt. 1914 wird er zum Kriegsdienst eingezogen. 1920 malt er in Vence eine Reihe von Landschaften, die in Paris bei Bernheim-Jeune ausgestellt werden. Er arbeitet nun in Öl und Aquarell, entwirft Stoffmuster, Keramik und Kartons, die in Gobelintechnik ausgeführt werden. 1922 unternimmt er eine Reise nach Sizilien, 1925 nach Marokko, zusammen mit Poiret. Von diesen Reisen bringt er eine Fülle von Ölbildern und Aquarellen mit, die deutlich von seinen Eindrücken im Süden geprägt sind und

Alphonse Quizet, *Paris, vue de Montmartre (Blick auf Paris vom Montmartre)*, 1910 (Öl auf Leinwand, 73 x 60 cm), Fondation Oscar Ghez, Genf

seiner Malerei eine neue Leuchtkraft und brillante Farbigkeit geben. 1925 nimmt er an der ›Internationalen Ausstellung für Dekorative Kunst‹ teil. 1930 entwirft er die Dekoration für das Ballett ›Palm Beach‹. Für die Weltausstellung 1937 in Paris malt er ein Wandbild von gewaltigen Ausmaßen für den ›Palast der Elektrizität‹. Es ist aus vielen einzelnen Tafeln zusammengesetzt und bedeckt eine Fläche von zehn Meter Höhe und sechzig Meter Breite.

Er ist nun berühmt, große Ausstellungen finden statt, es erscheinen Monographien über sein Gesamtwerk — aber eben zu dieser Zeit machen sich die ersten Anzeichen einer heimtückischen Gelenkerkrankung bemerkbar, die unaufhaltsam fortschreitet und zu einem schweren Leiden wird.

Maurice Utrillo, *La Maison de Mimi Pinson*, etwa 1920 (Zeichnung mit schwarzem Stift), Sammlung André Morisset, Paris

Bei Ausbruch des Zweiten Weltkrieges geht er nach Perpignan und arbeitet dort, immer mühsamer, bis 1949. Seine Krankheit verschlimmert sich derart, daß ihm schließlich nur noch eine Hoffnung bleibt: er fährt nach Boston, wo eine spezielle Behandlungsmethode entwickelt wurde, die vielleicht noch Hilfe bringt. Doch vergebens. Nach seiner Rückkehr in sein Landhaus in Forcalquier verlöscht dieses Malerleben, dessen Werk ein einziger ›Hymnus an die Freude‹ ist: in seinen Bildern klingt diese unbeschwerte Botschaft fort.

Juan Gris

Geboren am 23. März 1887, gestorben am 11. Mai 1927 in Boulogne-sur-Seine. Sohn eines kastilischen Vaters und einer andalusischen Mutter, mit dem eigentlichen Name José Victoriano Gonzalès. José studiert anfangs an der Escuela de Artes y Manufacturas in Madrid. Doch als seine Familie vom finanziellen Ruin betroffen wird, muß er sich den Lebensunterhalt mit humoristischen Zeichnungen für Zeitschriften wie ›Blanco y Negro‹ und ›Madrid Comico‹ verdienen. Der Malerei aber gilt seine ganze Leidenschaft. In der Schule eines alten akademischen Malers, Moreno Carbonero, kann er sich immerhin die Kenntnisse aneignen, die seine geniale Begabung als technisches Rüstzeug braucht. Im Kreise der fortschrittlichsten spanischen Maler und Schriftsteller informiert man sich damals aus deutschen Zeitschriften über den ›Jugendstil‹. Aber der Magnet, der alle jungen Künstler anzieht, ist Paris. Ausgerüstet mit seinem Künstlernamen ›Juan Gris‹ und nach Verkauf seiner ganzen Habseligkeiten (für das Reisegeld) macht sich der Neunzehnjährige 1906 auf den Weg in die Stadt der großen Ereignisse und großen Hoffnungen. Sein um sechs Jahre älterer Landsmann Pablo Picasso hält sich seit seiner vierten Paris-Reise, 1904, ständig dort auf und hat ein Atelier im legendären ›Bateau-Lavoir‹. Auch Juan Gris findet dort noch eine Unterkunft und Picassos freundschaftliche Unterstützung. Anfang 1907 beginnt mit Picassos *Demoiselles d'Avignon* der Kubismus, und 1911 malt Juan Gris sein erstes kubistisches Bild. Seit 1908 kennt er den Kunsthändler Kahnweiler, der die Arbeiten von Gris ganz besonders schätzt und fördert. 1911 lernt er auch Josette kennen, die ihm bis zu seinem Ende als treue Gefährtin zur Seite stehen wird. 1912 beteiligt sich Juan Gris mit dem Bild *Portrait de Picasso* am Salon des Indépendants. 1913 arbeitet er zusammen mit Picasso in Céret, in den Ostpyrenäen. Im folgenden Winter experimentiert er mit der Technik der ›Papier-collés‹.

Suzanne Valadon, *Porträt Maurice Utrillo*, 1921 (Öl auf Leinwand), Privatsammlung

Während des Ersten Weltkrieges wird der aus Stuttgart gebürtige Kahnweiler als ›feindlicher Ausländer‹ behandelt: sämtliche Gemälde seiner Galerie werden als ›Feindgut‹ beschlagnahmt und zu Spottpreisen versteigert. Kahnweiler muß in die Schweiz fliehen. Ein vernichtender Schlag, besonders für alle Künstler, die er bis dahin betreute und für deren Lebensunterhalt er sich (selbst unter größten persönlichen Opfern) stets verantwortlich fühlte. Juan Gris steht vor dem Zusammenbruch seiner Existenz. 1916 muß er seine gesamte Produktion ver-

äußern, um mit dem armseligen Ertrag die bitteren Notjahre durchzustehen. Sicher hat das schon damals seine Gesundheit untergraben. 1920 erkrankt er an einer schweren Brustfellentzündung und leidet dann immer schlimmer unter Asthma. Der zurückgekehrte Kahnweiler (Juan Gris' bester Freund und tiefster Deuter seiner Kunst) veranstaltet 1923 eine bedeutende Ausstellung. Diaghilew überhäuft ihn mit Aufträgen und hat große Pläne. 1925 — schon vom Tode gezeichnet — malt Juan Gris seine vollkommensten Werke, von asketischer Reinheit und Klarheit, spanisch wie der Escorial. In Boulogne-sur-Seine, wo er seit 1922 wohnt, stirbt er nach langem qualvollem Leiden.

Georges Michel

Geboren am 12. Januar 1763 in Paris, dort am 17. Juni 1843 gestorben. Als Kind aus armen Verhältnissen läßt der Zwölfjährige schon eine so ausgeprägte Begabung erkennen, daß er als Schüler in das Atelier des Historienmalers Leduc aufgenommen wird. Aber sehr bald beweist er auch eine ganz unzeitgemäße Eigenwilligkeit seiner künstlerischen Vorstellungen. Er opponiert gegen die Atelierlandschaft: Hundert Jahre vor den Impressionisten stellt er seine Staffelei in der Umgebung von Paris auf, malt in Barbizon, Fontainebleau und Boulogne. Lazare Bruandet, sein Freund und ›Tippelbruder‹ bei der malerischen ›Landstreicherei‹, ist sein einziger Gesinnungsgenosse. Überall sonst stößt dieser neue Weg, sich direkt mit der Natur auseinanderzusetzen, auf Verständnislosigkeit. Michels besondere Vorliebe gilt dem Montmartre, auf dem er eine unerschöpfliche Fülle von Motiven entdeckt, dessen Hügel mit den Windmühlen — um 1800 sind es noch über dreißig! — er immer wieder aus neuen Perspektiven malt. Wegen dieser Liebe zum Montmartre erhält er (gewissermaßen als Ehrenbürgertitel) den Namen ›Michel de Montmartre‹. Und da er gerade durch seine Montmartre-Streifzüge dort zu den ›Einwohnern‹ zählt, nennt man ihn ›le vagabond-sédentaire‹, den ›seßhaften Vagabunden‹.

Außer diesen Beinamen haben ihm seine malerischen Pioniertaten nichts eingebracht. Er mußte zum Lebensunterhalt holländische und flämische Gemälde des Louvre restaurieren. Heute befinden sich seine Bilder in den wichtigsten französischen Museen. Im Louvre nur ein einziges (und nicht eines von den besten), 1830 nach langem Zögern erworben.

Alphonse Quizet

Geboren am 13. März 1885 in Paris, 1955 dort gestorben. Der Sohn eines Brigadiers der Pariser Garde Municipale erhält wegen besonderer Befähigung in Zeichnen und Geometrie ein Stipendium für die École Colbert, aber er hat eher künstlerische Neigungen und möchte Maler werden. Als er eines Tages, im Jahre 1903, auf der ›Butte Montmartre‹ malt, trifft er in der Rue Cortot einen Altersgenossen bei derselben Beschäftigung: Es ist der junge Maurice Utrillo, der gerade mit seinen ersten, noch ungelenken Malversuchen begonnen hat. So nimmt eine treue Freundschaft ihren Anfang, die für Utrillo gleichzeitig Ermutigung und kameradschaftlichen Schutz bedeutet. Noch ist er sich ja seiner Fähigkeiten durchaus nicht sicher. Es fehlt ihm auch an technischen Hinweisen, denn seine Mutter betrachtet die Malversuche ihres Sohnes zunächst nur als ärztlich empfohlene ›Therapie‹. Zudem ist Maurice überall auf der ›Butte‹ als trunksüchtiger Schuljunge ›berüchtigt‹ und wird nun beim Malen ständig belästigt (die bittere Klage, in holperigen Versen, auf einem Gemälde von 1928 – Tafel 34 – beweist, daß es noch dem inzwischen berühmten Utrillo, ›Ritter der Ehrenlegion‹, nicht anders erging!).

Quizet hat genug Zeit – neben seiner Arbeit im Architektur-büro Brunel & Pottier –, sich wichtige praktische Erfahrungen anzueignen. Als Frontsoldat, 1914, stehen ihm die Tore des Salon des Artistes Français offen, und Quizet stellt dort sein erstes Bild aus: *La Rue des Saules*. 1922 stellt er im Salon des Indépendants aus und wird in der Folgezeit als ›le peintre des Faubourgs‹ bekannt. Er wird bis an sein Lebensende den verborgenen Zauber der Pariser Vorstädte aufspüren.

Gino Severini

Geboren am 7. April 1883 in Cortona, gestorben am 26. Februar 1966 in Paris. Sehr früh schon zeigt sich seine Begeisterung und Begabung für die Malerei, aber auch sein Interesse an sozialen und philosophischen Fragen. Er liest schon um 1899, zusammen mit gleichaltrigen jungen Leuten, Marx, Hegel und Nietzsche. 1901 lernt er in Rom Boccioni kennen, den künftigen Theoretiker des Futurismus, im folgenden Jahr Balla, der ihn in die Maltechnik des Divisionismus einführt. 1906 kommt Severini nach Paris, schließt Freundschaft mit Modigliani und entdeckt Seurat, seinen wichtigsten Inspirator. Er richtet sich sein Atelier im Impasse Guelma ein, wo auch

Maurice Utrillo, *Moulin de la Galette*, 1924 (Farbstiftzeichnung), Sammlung Georges Belzeaux, Perpignan

Dufy, Braque, Suzanne Valadon (vor ihrer Heirat mit André Utter) und Utrillo arbeiten. Er lernt Picasso kennen und die Dichter Max Jacob, Pierre Reverdy, Paul Fort und Apollinaire. 1910 unterzeichnet er von Paris aus die beiden Manifeste der futuristischen italienischen Maler und spielt zwischen 1911 und 1914 eine entscheidende Rolle in der futuristischen Malerei. 1911 vermittelt er die Bekanntschaft Boccionis, Carràs und Russolos mit Picasso, Braque, Juan Gris und Apollinaire.

Maurice Utrillo, Le ›Lapin Agile‹, etwa 1916 (Zeichnung), Sammlung A. Manteau

Im Februar 1912 wird die Ausstellung der italienischen Futuristen in Paris eröffnet. Severinis Bild *Pan-Pan-Tanz im Monico* (1910/11), der Höhepunkt seines ›analytischen Pointillismus‹, wird vom Pariser Publikum allgemein als das gelungenste und selbständigste Werk der Ausstellung gelobt. 1912 malt er, kühn experimentierend, eines der Meisterwerke des Futurismus: *Dynamische Hieroglyphe des Bal Tabarin*. 1913 führt er in der Bildreihe *Sphärische Ausbreitung des Lichtes* die Bemühungen Seurats folgerichtig zu Ende. Im gleichen Jahr heiratet er Jeanne Fort, die Tochter des Dichters Paul Fort. Apollinaire ist Trauzeuge. In den ersten Weltkriegsjahren entstehen noch Gemälde futuristischen Charakters (1914/15).

Um 1921 kehrt er zu einem gewissen Klassizismus zurück, widmet sich der Sakralkunst, dem Mosaik (z. B. 1933 für die Triennale in Mailand) und illustriert Bücher von Paul Fort und Paul Valéry. Teilnahme an großen internationalen Ausstellungen in New York, São Paulo, Venedig. Im Jahre nach seinem Tod bedeutende Retrospektive im Musée National d'Art Moderne, Paris (1967).

Théophile-Alexandre Steinlen

Geboren am 10. November 1859 in Lausanne (Schweiz), gestorben am 14. Dezember 1923 in Paris. Nach Besuch der Kunstgewerbe-Schule Lausanne Textilzeichner in Mühlhausen (Elsaß). Seit 1882 lebt Steinlen in Paris, seit 1901 ist er französischer Staatsbürger. In seinen Radierungen und Lithographien greift er die gesellschaftlichen Zustände in Paris an und veröffentlicht sozialkritische Darstellungen aus dem Leben des Proletariats in verschiedenen Zeitungen. So wird die 1891 gegründete Beilage einer großen Tageszeitung, ›Gil Blas Illustré‹, durch Steinlens großformatige Farblithographien berühmt. Er arbeitet auch unter den Pseudonymen ›Petit Pierre‹ und ›Jean Caillou‹.

Schon vor Toulouse-Lautrec ist Steinlen der sozialkritische Chronist des Montmartre. In seinem graphischen Werk erreicht er den Rang großer Kunst. Er sieht in seiner Arbeit für Zeitungen eine Möglichkeit, die Wahrheit zu sagen. Doch noch in der heftigsten Anklage klingt seine sensible Menschlichkeit und die Großzügigkeit tiefer Einsicht mit. Das läßt an Daumier denken: gleich ihm ist Steinlen der Antipode aller kleinen Geister, deren Kritik sich in pathetischen Gesten oder bösem Gekläff erschöpft. Er ist ein unermüdlicher Arbeiter, der sich

keine Ruhe gönnt. In der Rue Caulaincourt lebt er in bescheidensten Verhältnissen bis an sein Lebensende.
Wie Utrillo hat er auf dem kleinen Montmartre-Friedhof an der Rue Saint-Vincent seine letzte Ruhestätte gefunden.

Maurice Utrillo

Geboren am 25./26. (?) Dezember 1883 in Paris, gestorben am 5. November 1955 in Dax (Landes), beigesetzt auf dem Friedhof Saint-Vincent/Montmartre.
Seine Mutter ist Marie-Clémentine Valadon: die Malerin Suzanne Valadon. Vaterschaft ungeklärt. Am 27. Januar 1891 adoptiert ihn der spanisch-katalanische Kunstkritiker Miguel Utrillo. Seine Mutter ist von 1896 bis 1909 mit dem Großhandelskaufmann Paul Mousis, von 1909 an mit dem Maler André Utter verheiratet.
1896 kurzfristiger Schulbesuch im Collège Rollin. 1899/1900 einige Monate Banklehre beim Crédit Lyonnais. 1901 erste Alkoholentwöhnungskur in der Heilanstalt Sainte-Anne. Bis 1921 folgen zehn weitere Aufenthalte in Heilanstalten (teils Internierungen) und Krankenhäusern.
1902 Beginn erster Zeichen- und Malversuche (auf Anraten eines Arztes), zuerst in Montmagny/Pierrefitte (Wohnort des Ehepaars Valadon-Mousis), seit 1904 wieder auf dem Montmartre, Rue Cortot, in einem früher u. a. von seiner Mutter bewohnten Atelierhaus. Er signiert seine Bilder anfangs mit ›Maurice Valadon U.‹, später mit ›Maurice Utrillo V.‹.
1904/05 erste Verkäufe an Händler wie Anzoli, Clovis Sagot und an Kenner wie Tabarant u. a. Nicht selten einfach Tausch gegen Alkohol. 1907 bis 1914 ›weiße Epoche‹, meisterhafte Werke, die das Interesse von Kunsthändlern und Sammlern finden. Seit 1909 Teilnahme am Herbstsalon. Der Händler Louis Libaude kauft von nun an regelmäßig von dem Maler. Durch Vermittlung von Francis Jourain kaufen einige bekannte Schriftsteller bei Libaude Werke von Utrillo. Der Kunsthändler Zborowski, Freund Modiglianis, kauft ebenfalls von Utrillo. 1912 Teilnahme an einer Gruppenausstellung bei Druet. Reise mit seiner Mutter nach Korsika. Die Produktion Utrillos von 1910 bis 1915 wird 1918 auf einer sehr erfolgreichen Ausstellung bei Lepoutre gezeigt. 1923 Ausstellungen in der Galerie Weill, bei Bernheim-Jeune und Barbazanges, 1924 wiederum bei Bernheim-Jeune und in der Galerie Dewambez. 1925 Teilnahme an der Ausstellung ›Fünfzig Jahre Französische Malerei‹ in Paris. 1928: Utrillo wird Ritter der Ehrenlegion. 1935: Utrillo heiratet in Angoulême Lucie Valore und zieht sich in eine Villa in Le Vésinet zurück.
1936/1938/1939/1942/1944/1947: Ausstellungen in der Galerie von Paul Pétridès, der seit 1935 die Exklusivrechte als Kunsthändler Utrillos innehat.
1949: ein Bild von Utrillo, *La Maison de Gabrielle d'Estrées,* erzielt bei einem öffentlichen Verkauf in Paris den Preis von 1 200 000 Francs.
1950 auf der Biennale in Venedig ist dem Werk Utrillos im Französischen Pavillon ein besonderer Saal gewidmet.

Maurice Utrillo, *Montmartre,* etwa 1933 (Farbstiftzeichnung)

Maurice Utrillo, Le ›Théâtre de l'Atelier‹, 1924 (kolorierte Zeichnung), Sammlung Georges Belzeaux, Perpignan

Suzanne Valadon

Geboren am 23. September 1865/1867 (?) in Bessines (Haute-Vienne) bei Limoges, gestorben 6./7. (?) April 1938 in Paris.

Das Mädchen mit dem Taufnamen Marie-Clémentine Valadon stammt aus ärmlichen ländlichen Verhältnissen.

Das außergewöhnlich reizvolle Mädchen ist schon in sehr jungen Jahren, als knabenhaft schlankes Geschöpf, ein begehrtes Malermodell, so bei Puvis de Chavannes, Renoir, Toulouse-Lautrec und Degas. In den Ateliers wird ihr ganz außergewöhnliches künstlerisches Talent entdeckt, bewundert und gefördert. Degas gibt ihr Anleitung in den graphischen Techniken und ermuntert sie, Malerin zu werden.

1883 Geburt ihres Sohnes Maurice. Die Vaterschaft ist ungeklärt. Ein befreundeter spanischer Kunstkritiker, Miguel Utrillo, gibt Maurice seinen Vatersnamen.

1894 stellt Marie-Clémentine unter dem Namen Suzanne Valadon zum erstenmal eigene Arbeiten aus, von 1900 an bei dem berühmten Kunsthändler Vollard.

1896 heiratet sie den Kaufmann Paul Mousis und wohnt in Montmagny, wo er ein Landhaus besitzt. Nach der Scheidung, 1909, heiratet sie den jungen Maler André Utter (geb. 1886), der aus dem Elsaß stammt. Um 1920 ist ihr Sohn zu Ruhm und Vermögen gelangt, während ihr die gebührende Anerkennung versagt bleibt. Die drei Maler erwerben 1924 das Schloß Saint-Bernard (Ain) und 1926 dann eine Villa in der Avenue Junot auf dem Montmartre, wo sie jeweils ihre separaten Ateliers haben und gemeinsam arbeiten.

Als Utrillo 1935 Lucie Valore heiratet, bleibt seine Mutter, wie es heißt, vereinsamt in der Avenue Junot zurück. Ihre letzten Porträts von André Utter stammen von 1932. Ob es vor 1935 ein Zerwürfnis gegeben hat oder ob Utter vorher verstorben ist, bleibt ungeklärt. Beide Versionen finden sich in den biographischen Angaben verschiedener Autoren. Suzanne Valadon arbeitet mit ungebrochener Kraft bis an ihr Lebensende, obwohl sie manchmal — von der mangelnden Anerkennung entmutigt — den Pinsel aus der Hand legen will.

Erst 1948, zehn Jahre nach ihrem Tode, wird ihre hohe Meisterschaft in einer großen Gesamtausstellung im Pariser Musée National d'Art Moderne gebührend gewürdigt.

Vincent van Gogh

Geboren am 30. März 1853 in Groot-Zundert (Holländisch-Brabant), gestorben am 29. Juli 1890 in Auvers-sur-Oise.

Vincent ist der älteste Sohn des Pfarrers Theodor van Gogh. Zwei Jahre später wird sein Lieblingsbruder Theo geboren, der ihm auf seinem tragischen Lebensweg aufs engste verbunden sein wird, stets zu moralischer und materieller Hilfe bereit. 1869 bis 1876 versucht sich Vincent — noch im unklaren über seine künstlerische Berufung — als Angestellter der Kunsthandlung Coupil, die in Den Haag, Brüssel, London und Paris Filialen hat. Er besucht diese Städte. Im Pariser Geschäft kommt es zu Auseinandersetzungen. Er verläßt den Kunsthandel und beginnt mit theologischen Studien. Er glaubt, zum Pfarrer oder Missionar bestimmt zu sein, und geht im November 1878 als freier Prediger zu den Grubenarbeitern ins Kohlengebiet der Borinage, wo er schon bald scheitert. 1880 hat er

sich nach qualvollen inneren Kämpfen zu dem Entschluß durchgerungen, Maler zu werden (er erklärt es Theo in einem langen Brief). In den folgenden Jahren zeichnet und malt er in der Borinage, dann in Den Haag, auf dem Lande bei Hoogeven, in Nuenen, schließlich in Antwerpen.

Im Februar 1886 fährt er, plötzlich entschlossen, nach Paris zu seinem Bruder Theo. In seiner kurzen Pariser Zeit, 1886/87, malt er fieberhaft, beeinflußt von den Impressionisten, den Pointillisten und besonders von der japanischen Holzschnittkunst. Über 200 Bilder entstehen (darunter viele Ansichten vom Montmartre und den Pariser Vororten, Interieurs aus Pariser Lokalen). Immer noch sucht er ›seine‹ Ausdrucksform; immer noch verkauft er kein einziges Bild.

Maurice Utrillo, *Sacré-Cœur,* 1935 (Farbstiftzeichnung)

Im Februar 1888 fährt er auf den Rat Toulouse-Lautrecs in den Süden, nach Arles. Hier findet er zu seiner unverwechselbaren Palette, zu seiner genialen ›Handschrift‹. Im Oktober besucht ihn Gauguin, doch im Dezember erleidet van Gogh eine erste Nervenkrise: er greift Gauguin mit einem Messer an, schneidet sich dann ein Ohr ab.

1889 häufen sich die Anfälle; im Mai wird er auf eigenes Verlangen in der Irrenanstalt Saint-Remy (bei Arles) interniert. Zeiten völliger Klarheit wechseln mit bedrohlichen Krisen. Er malt wie besessen: es entstehen Meisterwerke, etwa 200 Bilder in diesem einen Jahr.

Zwischen dem 16. und dem 20. Mai ist er in Paris bei Theo und malt 150 Bilder, darunter etwa 30 ›Interpretationen‹ nach Millet, Doré, Daumier, Delacroix und Rembrandt. Am 21. Mai in Auvers, als Patient des befreundeten Dr. Gachet. In den ersten Julitagen nochmals kurz in Paris, dann wieder in Auvers. Am 27. Juli schießt er sich eine Kugel in die Brust, stirbt aber erst zwei Tage später, in Gegenwart seines getreuen Bruders.

Von van Goghs Bildern findet ein einziges — *Die roten Reben* — zu seinen Lebzeiten einen Käufer.

Abbildungsverzeichnis

Tafeln

30 Maurice Utrillo, *Moulin de la Galette,* 1920 (Öl auf Karton, 54 x 65 cm), Privatsammlung, Paris

31 Maurice Utrillo, *Place du Tertre,* 1920 (Öl auf Leinwand, 50 x 60 cm), Sammlung Sponagel-Hirzel, Zürich

32 Maurice Utrillo, *Rue Saint-Vincent,* etwa 1918 (Öl auf Leinwand, 54 x 76 cm), Nationalmuseum, Belgrad

33 Maurice Utrillo, *Rue des Saules,* etwa 1921 (Öl auf Holz, 32 x 45 cm), Privatsammlung, Paris

34 Maurice Utrillo, *L'artiste au travail à Montmartre (Der Künstler bei der Arbeit),* 1928 (Gouache und Aquarell auf Karton, 48 x 62 cm), Galerie Pétridès, Paris

35 Maurice Utrillo, *Rue du Mont-Cenis,* etwa 1929 (Öl auf Leinwand, 46 x 55 cm), Nationalmuseum, Belgrad

36 Maurice Utrillo, *Sacré-Cœur,* 1934 (Öl auf Leinwand, 81 x 60 cm), Kunstmuseum São Paulo, Brasilien

37 Maurice Utrillo, *Le ›Lapin Agile‹ sous la neige (Das Cabaret ›Lapin Agile‹ im Schnee),* 1937 (Öl auf Karton, 51 x 81 cm), Privatsammlung, Paris (Foto: Giraudon)

38 Maurice Utrillo, *Moulins à vent, Montmartre (Windmühlen auf dem Montmartre),* 1948 (Öl auf Leinwand, 72,8 x 93,2 cm), Sammlung Dr. and Mrs. Harry Bakwin, New York

39 Maurice Utrillo, *Bühnenbild-Entwurf für den 3. Akt von Charpentiers ›Louise‹ an der Opéra Comique, Paris,* 1948 (Gouache und Ölfarben auf Papier, 56 x 76 cm), Musée de l'Opéra, Paris

40 Maurice Utrillo, *Bühnenbild-Entwurf ›Louise‹, 1. Akt,* 1948 (Gouache und Ölfarben auf Papier, 56 x 76 cm), Musée de l'Opéra, Paris

41 Maurice Utrillo, *Bühnenbild-Entwurf ›Louise‹, 1. Akt,* 1948 (Gouache und Ölfarben auf Papier, 56 x 76 cm), Musée de l'Opéra, Paris

42 Maurice Utrillo, *Quai de Passy sous la neige,* 1955 (Öl auf Leinwand, 180 x 300 cm), Hôtel de Ville, Paris

43 Maurice Utrillo, *Montmartre,* 1955 (Öl auf Leinwand, 180 x 300 cm), Hôtel de Ville, Paris

44 Georges Michel, *Montmartre-Ansicht,* (aquarellierte Zeichnung, 18 x 30 cm), Louvre, Cabinet des Estampes, Paris (Foto: Josse)

45 Jean-Baptiste-Camille Corot, *Le Moulin de la Galette à Montmartre,* 1840 (Öl auf Papier, auf Leinwand aufgezogen, 26 x 34 cm), Musée d'Art et d'Histoire, Genf (Foto: J. Arland)

46 Jean-Baptiste-Camille Corot, *Rue Saint-Vincent,* 1850.—1856 (Öl auf Leinwand, 49,5 x 35 cm), Musée des Beaux-Arts, Lyon

47 Vincent van Gogh, *Paris, vue de Montmartre (Blick vom Montmartre auf Paris),* 1886 (Öl auf Leinwand, 38,5 x 61,5 cm), Kunstmuseum, Basel (Foto: Hinz)

48 Vincent van Gogh, *Le Café du Point de Vue, Montmartre,* 1886/87 (Öl auf Leinwand, 44 x 33,5 cm), Chicago Art Institute, Helen Birch Bartlett Memorial Collection, Chicago

49 Alphonse Quizet, *Rue des Saules* (Öl auf Leinwand, 94 x 76 cm), Musée d'Art Moderne de la Ville de Paris, Paris

50 Edgar Degas, *Café Boulevard Montmartre,* 1877 (Pastell auf Monotypie, 42 x 60 cm), Louvre, Cabinet des Dessins, Paris

51 Henri de Toulouse-Lautrec, *La Buveuse (Die Trinkerin,* Modell: Suzanne Valadon), 1889 (Zeichnung in Chinatusche, Blaustift und Bleistift, 48 x 65 cm), Musée Toulouse-Lautrec, Albi

52 Théophile-Alexandre Steinlen, *Plakat für die ›Chansons de Montmartre‹ von Paul Delmet,* etwa 1899 (Kreidelithographie, eine Zusatzfarbe), Bibliothèque Nationale, Cabinet des Estampes, Paris

53 Théophile-Alexandre Steinlen, *L'Heure du Déjeuner (Mittagspause),* (Kreidelithographie), Bibliothèque Nationale, Cabinet des Estampes, Paris

54 Théophile-Alexandre Steinlen, *Bal de Barrière,* 1898 (Farblithographie in kombinierter Tusch- und Kreidetechnik), Bibliothèque Nationale, Cabinet des Estampes, Paris

55 Pierre Bonnard, *Boulevard de Clichy,* 1898 (Öl auf Leinwand, 26 x 33 cm), Sammlung R. J. Sainsbury, London

56 Giovanni Boldini, *Aufbruch nach einem Karnevalsball des Montmartre,* 1875 (Öl auf Leinwand, 32,5 x 46 cm), Privatsammlung, Pistoia

57 Gino Severini, *Avenue Trudaine,* 1908 (Öl auf Leinwand, 59 x 72 cm), Privatsammlung, Paris

58 Juan Gris, *Nature morte, Rue Ravignan (Stilleben mit Rue Ravignan),* 1915 (Öl auf Leinwand, 116 x 89 cm), Museum of Art, Philadelphia

59 Raoul Dufy, *L'Atelier à l'Impasse Guelma,* 1939 (Öl auf Karton, 119 x 148 cm), Sammlung Bérès, Paris

60 Suzanne Valadon, *Selbstbildnis,* 1883 (Pastell, 45 x 31 cm), Musée National d'Art Moderne, Paris

Bibliographie

F. Carco, *Le Carnet des Artistes*, Paris 1917

A. Flament, *Utrillo, Galerie Lepoutre*, Paris 1919

A. Flament, *Maurice Utrillo*, in ›La Renaissance de l'Art Français‹, Paris 1919

F. Carco, *Maurice Utrillo*, in ›Les peintres français nouveaux‹, Paris 1921

G. Coquiot, *Vagabondages*, Paris 1921

F. Fels, *Maurice Utrillo*, in ›L'Amour de l'Art‹, Paris 1923

G. Coquiot, *Les peintres maudits*, Paris 1924

G. Coquiot, *Maurice Utrillo*, Paris 1925

E. Jaloux, *Maurice Utrillo*, in ›L'Amour de l'Art‹, Paris 1925

A. Salmon, *Gouaches d'Utrillo*, Paris 1925

R. Rey, *Maurice Utrillo, peintre et lithographe*, Paris 1925

A. Tabarant, *Maurice Utrillo*, Paris 1926

F. Carco, *La Légende et la Vie d'Utrillo*, Paris 1928

G. Charensol, *Églises et cathédrales d'Utrillo*, Paris 1929

A. Warnod, *Les peintres de Montmartre*, Paris 1928

M. Mermillon, *Maurice Utrillo*, in ›Le Point‹, Colmar 1937

G. Ribemont-Dessaigne, *Utrillo ou l'Enchanteur des rues*, Genf o. J.

J. de Laprade, *Utrillo, Galerie Pétridès*, Paris 1942

A. Tabarant, *Utrillo, Galerie Pétridès*, Paris 1944

F. Carco, *Montmartre vu par Utrillo*, Paris 1947

F. Jourdain, *Utrillo*, Paris 1947

P. Yaki, *Montmartre, terre des artistes*, Paris 1947

R. Beachboard, *La Trinité maudite: Valadon, Utter, Utrillo*, Paris 1952

P. MacOrlan, *Maurice Utrillo*, Paris 1952

P. Caso, *La vie tragique d'Utrillo*, Brüssel 1955

S. Guitry, P. Benoit, A. Maurois, J. Cocteau, E. Heuzé, Crommelynck, L. Valore, *Maurice Utrillo V.*, Paris 1956

A. Watt, *Maurice Utrillo. The Painter of Montmartre*, London 1957

R. Dorgeles, *Utrillo, Galerie Charpentier*, Paris 1959

F. Fels, *Le Roman de l'art vivant (Utrillo)*, Paris 1959

P. Pétridès, *L'Œuvre complet de Maurice Utrillo*, 3 Bde., Paris 1959—1962

E. Heuzé, *Introduction* (Vol. 1 de *L'Œuvre complet*, s. o.), Paris 1959

P. Pétridès, *L'Œuvre complet de Suzanne Valadon* (780 Werke), Paris 1971

DONOSTIA SAN SEBASTIAN

EDITADO POR:

AYUNTAMIENTO DE DONOSTIA-SAN SEBASTIAN

DIRECCION Y TEXTOS: RAFAEL AGUIRRE FRANCO   FOTOS: IÑAKI AGUIRRE

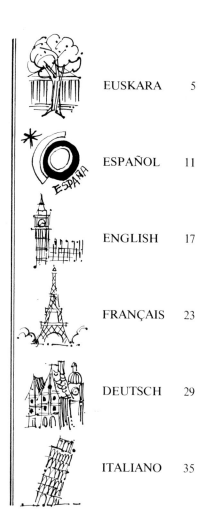

EDITA: **AYUNTAMIENTO DE DONOSTIA-SAN SEBASTIAN**
TEXTOS: RAFAEL AGUIRRE FRANCO
FOTOGRAFIAS: IÑAKI AGUIRRE

A la selección de fotografías de este autor, que ganó el Concurso convocado por el Ayuntamiento de Donostia-San Sebastián, se añaden las fotografías de los siguientes autores: Iñaki Gaztelu Iraundegui - Luis Millán San Emeterio - Pedro Mingo Ansotegui - V. Campuzano - Iñaki Arrechea - Antonio Arrieta Yarza - Juan José Vignau - Laureano Matía - José Ignacio Arzadun

DISEÑO Y MAQUETA: Studio Industria Gráfica Valverde, S.A.

IMPRESION: Industria Gráfica Valverde, S.A.

Depósito Legal: SS.-383-87

I.S.B.N. 84-505-5931-6

HISTORIA APUR BAT

KONTXAKO badiaren izkin batean, ipar haizetik Urgull mendiaz babestua, izan zen aintzinetik arrantzale herrixka bat gaurko Donostia hiriaren hazi. Erderaz bere izena San Sebastián du. Ez zuen fundaziorik garai jakinean izan Erromar inbasioaren ondoren sortutako beste hainbat hirik bezala. Historiaren argitan, estrainekoz, XI. mendean azaltzen da, garai hartako agiri batek Izurum delakoaz hitzegiten duenean, bertan kokatutako giza egoitzaz ari delarik. XIII.mendeko bigarren erdian, Nafarroako Antso Jakituna Erregeak Errepoblatze Forua eskeintzen dio herriari, San Sebastián bezala izendatuz iadanik.

Biztanleak itsasora begira bizi dira eta arrakasta haundia jasotzen dute Erdi Aroan nola balearen hala makailuaren arrantzan, Groenlandia eta Terranovako kostetara iritsi zirelarik haien bila. Arrantzarekin batera, aurrera eramaten da herrian itsas merkatalgo aberatsa eta bere mollatan Nafarroako ardo-olioak itsasontziratzen dira, Frantzia, Flandes eta Ingalaterrarako. Saleroketa guzti hau dela-eta, Urumearen ertzetan ontzi eta burni olak sortzen dira, hala beharrez.

Hiri harresitua da Donostia mendeetan zehar, Frantziako mugarekiko gertutasuna dela medio. Izurum mendia, Urgull izena duelarik dagoeneko, lurraldearen defentsarako gaztelu kainoiztatua bihurtzen da. Gerrak etengabe erasotuko du hiria, setioaldi askotxo nozitu beharko dituelarik XVII eta XVIII. mendeetan.

Jasan behar izan zuen eraberean Donostiak, suaren erasoaldiak, ongi xehatua geratu zelarik gehiago ala gutxiago hamabi aldetan. 1808. urtean, Donostia, Napoleonen soldaduz hartua izan zen, 1813. urterarte bertan geldituz. Urte horretan, Ingalaterrarako eta Portugaleko tropa aliatuak garaile sartu ziren hirian; poblazio zibilarekin gehiegikeriak eta indarkeriak erabili ondoren etxeei su eman zieten. Errekuntza ia erabatekoa izan zen, iparralderago dagoen lerrokada salbatuz bakar-bakarrik, eta beraiekin batera San Bizente eta Santa Maria elizak.

Baina donostiarrek ez dute amore ematen. Zubietan bildurik, hiria berreraikitzea erabakitzen dute. Hala sortzen da «Alderdi Zahar» berri bat, bere erdigunea Konstituzio Plaza izanik. Bertan ezartzen dute udaletxea.

Inportantzia haundiko ekintza izan zen ere, Donostiaren bilakaerarako, harresien botatzea. 1863. urtean egiten da. Inguruko hondartzetan hedatuko da aurrerantzean, harmonia haundiko zabaldura urbanistikoak sortuz.

1845. urtean, Isabel II.a Erregina Donostiaratuko da, itsas bainuak hartu asmoz, bere azaleko eritasuna sendatuko dutelakoan. Haren zenbait urtetako egonaldiak erakarri zuen Kortearena, Gobernuarena eta españiar aristokraziarena. Horrek, kapitalizazio azkar bat sortu zuen, eta ondorioz, hiri desarroiloa eta udal serbitzuena berarekin. Aurrelari da Donostia Espainian tranbia ezartze kontuan, kaleko argindarraren ezarketan, telefonoan...

Aisiaren gida unibertsalak, lehen mailako estazio balneariotzat dauka Donostia, Niza, Montekarlo eta Vichyren parean. Europako gerrak markatu zuen «Belle Epoque» delakoaren puntu gorena; muga ondo-ondoan duelako-edo xehatutako kontinentetik ihes egindako dirua Donostiara iristean. Haren bukaerak aro berri batera eraman zuen hiria, protokolo eta forma gutxiagoko gizarte eredu batera alegia. Zabaldura berriak sortzen dira, ugaltzen ari den biztanleriari etxea ematearren. 1880. urtean 20.823tik gora bait da eta 1925.ean berriz 65.930.

Azken boladako historia Gerra Zibilarekin hasten da eta beste gertakarien artean, hiriaren inguruneen industrializaziotik pasatzen da. Hau dela eta demografiazko presio haundi bat sortzen da eta ez da aurreagoko garaien trebetasunik erakutsiko soluzioetan.

Gaur Donostiak, itxaropenez begiratzen du etorkizuna. Konfidantza osoa du, inguruneko edertasun naturalek, bere zerbitzuen amaraunak eta biztanleen gaitasunek, lortuko dutela bete-betean, aurrerapen ekonomikoa eta berebat humanoa.

5

DONOSTIA EUSKALERRIAN

Euskalerria, edo Euskadi, Bizkaiko Golkoaren mutur-muturrean kokaturik dago, erdiz, europar kontinentean, erdiz, peninsula iberikoan. Pirineo mendiak eta itsasoaren arteko pasabide erabilgarri bakarra izateagatik, bidearena egin du hainbat herrirentzat historian zehar. Hori hala izanagatik ere, lortu zuen bere hizkuntza eta ohiturak gordez, bere identitatea mantentzea. Euskalerriak badu hizkuntza propioa: Euskara. Indoeuropearraz aurreragokoa, eta indoeuropar hizkuntzarik indartsuenaren erasoaldiari eusterik izan dio, lehenik: Latinari. Eta ondoren erromantzeei: gaztelania eta frantsesa.

HIRIAREN EBOKAZIOA

Altueraren aldetik erdi mailako hiru mendik babesten dute hiria, itsasoaren zakarraldietatik: Igeldo, Santa Klara Uhartea eta Ulia. Hegoalderuntz beste mendi-kate batek ixten du ikusmira, gero eta altuera haundiagoa hartuz hodeiertz aldera goazelarik. Erdian, ordeka txiki batean, astiro eta poliki zabalduz joan da Donostia. Demografiazko presioak behartu ditu donostiarrak etxadi berriak egitera inguru-mariatan, asko eta asko hegietan eskalonatuak.

Igeldo mendiak zabaltoki bat du gaur egun gain-gainean, atrakzio parkearekin. Bertara igo beharra dago hiriaren ikusmira ederrenak gozatzeko. Mendiari erpin emanez dorre moderno bat dago, antigualeko faroaren lekuan. Igeldo mendira igotzeko bi errepide dago eta funikular bat, 1912. urtean inauguratua.

Santa Klara uharteak olatu hausle naturalarena egiten du eta badia barruko urak baretasun minimoan mantentzen ditu. Bertan etxe bakarra dago: faroa, zuri. Bisitaleku garrantzitsu bihurtzen da udaran eta bertaratzeko untzi zerbitzu bat dago kirol portutik ateratzen dena.

Urgull mendiaren babesean sortu zen antigualeko Donostia hura. Gaur Urgull, udal parkea da, baina bere gazteluaren zantzuak gordetzen ditu ederki: harresien hormaldeak, kainoi-leihoak, kainoi-sailak, kasamatak... Bide-zidor amaraunak eramaten gaitu gaikalderaino, non eraikia izan zen Jesusen Bihotzaren estatua.

Mendebalaldera azken mendia, Ulia. Mende haseran atrakzio parke bat egin zen, gaur ez dagoena. Gailurrean, «Tiro Plato»ko instalazioak daude, Bale-harrapatzailearen harkaitz ondoan, zeinak gogora arazten digun garai bateko zelataria, sutzarra piztuz balea ikusi orduko.

Urumea ibaiak bitan banatzen du hiria. Ibaia motza da berez. Hiru zubi ederrek zeharkatzen dute bi ertzak uztartuz. Iparretik hegoaldera gatozelarik, Kursaal zubia, Santa Katalina eta Maria Cristina zubiak. Ibaiaren ikusmirak urbanismoaren kalitate estetikoaren berri ematen du bere ingurunean.

Donostiak paiasaia tipikorik badu, hori Kontxa pasealekua da. Kontxa eta Ondarretako hondartzek inguratzen dute bihurgune ezti bat eginez. Bere perimetroa maria beheran eta ekinokzioan, 1850 m.takoa da. Mutur batean molla dago; bestean Teniseko pasealekua eta «Haizearen orrazia» eskultura. Bi muturrok uztartuz hedatzen da Kontxa pasealekua, zeinak Donostiarentzat duen ikaragarrizko ebokazio balioa, nola Croisettek Cannesentzat edota Inglesen pasealekua Nizarentzat.

Hiriko alderdirik zaharrena «Alderdi Zaharra» du izen. Eta zaharra da beste alderdiekin konparatuta bakarrik, bere eraiketa 1813. urtekoa bait da, Donostiaren erreketaren ondorengoa hain zuzen. Etxeak xoilak dira, baina xarmagarriak era berean, lerraturik daude kale estu eta zuze-

netan, erdigunea Konstituzio Plaza delarik. Ormetan pintaturiko zenbakiek gogora erazten digute plazan bertan zezenketan izaten zireneko garai iragan hura. Balkoi horietatik gozatzen bait zen ikuskizuna. «Alderdi Zaharra» gaur, hiriko plaza da, donostiarrentzat eta kanpotarrentzat biltoki, ilunabar aldera hara biltzen bait dira, bertako taberna, bar, errestaurante eta gastronomiko elkarteetan sartuz, lasaitasun eta giza harremanen bila.

Iragan mendeen merkatal itxura galdu du kaiak. Merkantzien itsas garraio guztia Pasaiako portura biltzen da. Kaibarru komertzialak kirol untzi anitz jasotzen du bere baitan, badian ere egon behar dutelarik askok, leku falta dela-eta. Arrantzaleen kaibarruan gero eta untzi gutxiago dago, eta ondorioz arrantza ere bai. Dagoenean ordea, ikaragarri polita da kaiaratze lana ikusi ahal izatea. Ikuskizun bat.

Herri Elkarteek Donostiako ezaugarririk nagusienetakoa osatzen dute. Lagun taldeez eginak daude delako Elkarteok eta lokal batean biltzen dira afaritako ala bazkaritako beraien eskuz prestaturiko jeneroz. Baina ez ditu lagunok biltzen jan-edanak soilik. Giza harremanen beharrean dira, eguneroko tentsioen ihesbide bezala. Ez dira onartuak izaten emakumezkoak, baina debekapen hori ahulduz doa garai berriekin batera. Haragia, arraia eta barazkiak kanpoan erosten dira. Baina edaria eta gaiak bertako bodegatik ateratzen dira eta erabiltzen dituenak, ordaintzen ditu, elkarren arteko konfidantzan finkaturiko sistema erraezin baten bidez. Donostian ehun Elkartetik gora dago, eta gehienak «Alderdi Zaharrean».

Gipuzkoa Plaza, hiri erdian irekitzen den parkea da berdetasunez betea oasis baten gisara. Landatuak dira arbol klase bereziak bertan gerizondo japoniarrak, zumarrak, magnoliondoak eta palmondoak. Urmael ttikian bizi dira ahate eta beltxarga ikusgarriak.

EKINTZA EZBERDINEN URTEA

Donostia Euskadiko hiriburu kultural eta turistikoa da. Ez du titulu ofizialik, baina bertako ekintza ezberdinen eskeintza ikusirik, ezin uka erakargarritasun haundia sortzen duela Euskalerriko eta ondoko komunitatetako jendearen artean.

Bisitariaren egonaldia Donostian izenda daiteke «arian-ariango oporraldiak» bezala. Egia da, turista leku gutxik eskaintzen du hain egitarau aberatsa eta gainera urte guzian zehar.

Jai urtea Urtarrilaren 20ean hasten da, herrikoekin. Bezperan —19ko gaua— ohitura da etxetik kanpo afaltzea, bai errestauranteetan, bai Herri Elkarteetan, gero Konstituzio Plazara biltzeko. Hemen 12etan puntupuntuan banderen igoera egiten da, herri festari hasiera emanez. Alkateak buru egiten du eta Gaztelubideko danborradak jotako Donostiako Martxaren akordeen konpasean egiten da zeremonia guztiau. Gau osoan zehar eta biharamunean ere hogeitamasei danborradek Donostiako kaleak ibiltzen dituzte. Unerik gorena haur danborradarekin batera ematen da. 3.500 haurrek berrogei konpainiatan banatuak eta XIX.mendeko uniforme militarrez jantziak desfilatu egiten dute musika berberaren pean, ikuskizun ederra ederrik bada sortuz.

Danborradak Ihauteri garaiaren hasiera mugatzen du, jarraiera badu ere otsaileko hilean, bi konparsen ateraldiekin: Kaldereroak eta Iñude eta Artzaiak. Guzti honen bukaera Donostiako Ihauterian da. Bost egunetan zehar, konparsa azkarrek, karrozek, musiko eta fanfareek kaleak alaitzen dituzte, festa giro guzti honekin bat eginez donostiar eta kanpokoek beren mozorro ikusgarriez.

Udaberria musika kontzertuen garaia da eta udan izaten du jarraiera, Ekainaren 24aren inguruan, San Juan egunez. Uda-muga Euskalerrian jentil erritoen zantzuez ospatzen da. Eguzkia gurtzeak, aldeko jainkoa denaren aldetik, badu oraindik gaurkotasun formal bat bedaio. Ohitura zaharra kristautu eta gero, San Juan arbolaren jaia sortu da, ekainak 24 arratsaldez ospatzen dena Konstituzio Plazan.

Iruñako San Ferminen ondoren, Uztailaren hasieran lehertzen da udara Donostian. Jai ezberdinak kateatzen dira kale eta plazetan. Jazz musikak Europako gazteak erakartzen ditu. Zaldi lasterketak hasten dira udazkena bitartean. Golf klubak, Tenisak, Nautikoak, Hipikoak, eta Tirokoak, beren kiroletako leihaketak antolatzen dituzte. Udarak bere erpina du Donostiako Aste Nagusian, Abuztuaren 15aren inguruan, kirol, jai eta musika emankizunen egitarau ikustekoarekin. Gauero, Su-Zirien Nazioarteko Leihaketak bere brotxe urrezkoa ezartzen du.

Abuztuaren bigarren erdian, Musika Hamabostaldia ospatzen da. Ospe hau dieneko orkestra eta balletek Victoria Eugenia Antzokian eta bestelako auditorioetan beren emanaldiak burutzen dituzte, kalitate eta arrakasta haundiko egitarauarekin, Europa mailan onartua bestalde.

Iraila, euskal ohitura eta folklorearen hilea da. Estropadek milaka jende erakartzen dute lehen bi igandetan, badiaren inguruetara. Inguruko herrietan, jai nagusiek herri kirolaren berezitasun guztiak eskaintzen dituzte —-pelota, aizkolariak, harrijasotzaileak, e.a.— Euskaldunak urteetan bete du bere aisia horrelako kirolez.

Udara parteko garaia urte guziko ekintza kultural eta festiborik haundienarekin ixten da: Nazioarteko Zinemaldia. Berlin, Cannes, Venezia eta Moskuren mailan dagoen festibala.

Udazkena, kongresu eta feria komertzialek betetzen dute. Santo Tomaseko Feriak, Eguberritako jaiei atea zabaltzen die. Konstituzio Plazan, baserriko barazki eta animalien erakusketa egin ohi da. «Alderdi Zaharreko» beste plazetan artesau emaitzen postuak daude eta baserriko lanabesena, gazten salketena, txakoliña, eta ohizko txistorra bokadilloak.

OROITARRI ETA EDIFIZIOAK

Donostiak badu edifizio asko, balio arkitektonikodunak eta historikodunak. Horra berezienak:

SAN TELMO MUSEOA

Gaur egungo San Telmo museoa, Dominikotarren konbentu bezala izan zen fundatua XVI. mendeko lehen erdian (1530-1550), Carlos V.aren Estatu Sekretarioak eskatua: Alonso de Idiakez eta bere emazte Engrazia de Olazabal.

Klaustroa Errenazimendu estilokoa da, zutabeek, erdi puntuko arkuek eta gurutze gaurga batek osatzen dute. Elizak gurutze latinozko oinplanoa du, zabaldura bat duelarik gurutze-besoaren modukoa, aldare-aurrearen inguruan.

Hiru mendetan zehar Dominikutarren konbentu-etxetzat eduki zuten edifizio hau. 1836. urtean artilleriako kuarteltzat izan zen hartua. XX. mendean iadanik errekuperatu zuen Donostiako herriak, Udal Museorako prestatuz. Udaletxeak, 1928. urtean hartu zuen beretzat edifizioa eta José María Sert pintoreari enkargatu zizkion garai batean eliza izan zenaren 590 metro karratu horma landu zitzan. Bertan jaso zituen Euskalerriko historia eta ele-zaharrak, Gipuzkoako zenbait gizon argik egindako jestak barne zirelarik.

Museoak, estelen bilduma aipagarri bat eskaintzen dio bisitariari. Zenbait sala arkeologiari eskeiniak dira eta euskal etnografiari. Beste batzu berriz pintura tradizional, moderno eta gaurregungoari.

SANTA MARIA BASILIKA

URGULL mendiaren hego barrenean aurkitzen da. Donostiaren hastapeneko elizatzat kontsideratuta dago. Aurreagoko baten oinplanoaren gainean, gaurko eliza, 1743. urtean hasi zen eraikitzen eta bukatu 1764.ean egin zen. Barroko estilokoa da eta 64 metro ditu luzeran, 33 zabaleran eta 35 altuera erdiguneko gangan. Aldare Nagusian, Koruko Amabirjinaren irudia beneratzen da, hiriko patroia.

SAN BIZENTE ELIZA

Donostiako edifiziorik zaharrena bezala hartu daiteke berau. XVI. mendean eraikia izan zen, lehen erdian eta Gotiko estiloan, eliz-dorrea bukatu gabe gelditu zelarik. Barru aldea hospela eta ederra da, Aldareaurre altu batek koroaturik eta bertan balio haundiko erretabloa, Anbrosio Bengoetxea eta Juan Iriarterena.

ARTZAI ONAREN KATEDRALA

Plaza zabal baten erdian izan zen eraikia. Ojibal estilokoa eta 1897. urtean inaugturatua. Manuel Etxaberen obra duzue. Elizarik haundiena da. Oinplanoa edo planta erregularra da eta simetrikoa. Bere hedadura 1915 metro karraturena du.

UDALETXEA, GARAI BATEKO KASINOA

Bigarren Karlista Gerraren ondoren, Donostiak errekuperazio ekonomiko argi bat hasten du. Kasino baten beharraz arduratzen dira orduan, Europako estazio turistikoetan gogor jotzen hasi den hiri honentzat.

Udaletxeak, zazpi mila metro karratu lau eskaini zituen "sekulan ez zela kasinoz beste eginkizunetarako erabiliko" baldintzapean. Eraikuntzak hiru urte eman zituen, 1887. urteko uztailak lehen egunean inauguratu zelarik.

Kasinoak harrezkero, motorrarena egin zuen aurrerapen kontutan Donostian. Bere saloietatik pasa ziren politikorik ezagunenak, idazleak, dirugizonak eta artistak.

Baina joku eta olgeta leku bazen ere kasinoa, izan zen eraberean iniziatiba zenbaiten sustatzaile. Horrela posible izan zen Pasealeku Berriaren eraikuntza eta Aderdi-Eder Parkearena, besteak beste. Donostiako Hipodromoa goratu ere zuen, sari milloedunak ezarriz, Europako ikuilurik hoberenak bildu arazteko asmoz.

1924.eko jokuaren debekapenak eraman zuen ixtera kasinoa ere. Bere olgeta ekintzak ahulduz joan ziren. 1947.eko Urtarrilaren 20ean Udaletxeak Konstituzio Plazako edifizioa utzi zuen eta garai bateko kasinoan ezarri zuen bere egoitza. Bertan du orain ere bere kokagunea hiriko Udaletxeak.

VICTORIA EUGENIA ANTZOKIA

Victoria Eugenia Antzokia 1912. urtean izan zen inauguratua. Europako beste antzoki garrantzitsuen gisara Victoria Eugenia Antzokiko butaka patioa baskulantea da, hau da, antzeslekuraino bertaraino igo daiteke zolua. Honi esker, jai eta dantzaldiak antola daitezke bertan, butaka lerroa kenduz gero. 1922. urtean antzokia eraberritua izan zen, platea eta palkoetan era desberdinetarako obrak aurrera eraman zirelarik.

Donostia, mende hasierako garai haietan, mundu osoan aditzea zuen estazio turistikoa genuen. Ondorioz antzezlekutik pasa ziren garai hartako musika figurarik entzutetsuenak.

Gerra Zibilaren ondoren, Musika Hamabostaldiaren bidez ematen dira ikuskizun eta musikorik hoberenak. Victoria Eugenia Antzokia, Zinemaldiaren egoitza da eraberean, hasiera hasieratik eta etenik gabe 1953. urtetik aurrera.

Victoria Eugenia Antzokia Donostiako Udaletxearen esku geldi tu da 1983. urtean. 1985.ean hasiera eman zitzaien eraberritze lan erabatekoei, nahiz kanpotik, nahiz barrutik. Urte berean bukatu ziren.

MIRAMAR JAUREGI ETA PARKEA

Bolada batean (1887-1893) eta Miramar Jauregia egiten zen bitartean, Maria Cristina Erregina Aietekoan bizi izan zen, Bailengo Dukeena zena bestalde. Miramar Jauregia, 1893. urteko Uztailaren 19an inauguratu zen. "Cottage ingelesa Ana Erregina" estilokoa da. Pierre Ducasse donostiarrak diseinatu zituen Jauregia inguratzen duten parkeko lorategiak. Erreginaren dirutik oso-osorik izan zen jasoa palazioa, ez bait zuen zordun izan nahi hain ongi harzen zuen hiriarekiko.

1929. urtean, Maria Cristina Erregina hil zenean jauregiak pixkanaka-pixkanaka dekadentzia bat ezagutu zuen. 1971. urtean Udaletxeak bere gain hartu zuen finka eta Loretegiak Udal parke bihurtu ziren, herriarentzat zabalduz. Jauregia bera errezepzioetarako eta ekintza kulturaletarako erabiltzen da.

Finkaren gainazala osorik 34.136 metro karratuetakoa da, eta palazioarena, sotoa eta hiru solairu barne, 5.600 metro karratu.

AIETEKO JAUREGI ETA PARKEA.

Bailengo dukeek eraiki zuten jauregi hau 1878. urtean, Aiete baserriaren terreno gainetan. Jauregian bizi izan ziren, lehen bolada batean, aristokrazia eta politikaren pertsonaiarik entzutetsuenak etxapeko gisara.

Jauregiaren ate aurrean zutitzen den zutabe batean irakur daiteke Alfonso XII.a eta Maria Cristina Erregina bertan bizi izan ziren urteak: 1887, 1888, 1889, 1890, 1891, 1892, 1893. Urte honetan aldatu zuten beren egoitza Miramar Jauregira.

Aieteko Jauregia zen, Miramarrekoarekin batera, edifizio berezietarik aipagarriena. 74.400 metro karratu lorategiz inguratua. Bertan aurki

daitezkelarik, kotxerak, ikuiluak, negutegia, uraren torreoia, morroientzat pabelloia eta bi kapillatxo.

1939. urtean, Donostiako Udalak jauregia erostea erabaki zuen Estatu Buruari eskeintzeko. 1940tik 1975era Franco jeneralaren egoitza izan zen Aiete. Udaran bertan egiten ziren Espainiar Gobernuaren Ministrari Kontseiluak garai guzti honetan.

1977. urtean uztailak 20ean herriarentzat zabaldu zen. 1985. urtean obra ezberdinak egin ziren palazioan, bisitari aipagarrien harrera leku eta egoitzarako egokituz.

Edifizioaren oinplanoak, 25 x 12 metro neurtzen du eta Neoklasiko estilokoa da, urteen joan etorrian kanpo itxurak aldakuntza batzuk jasan baditu ere

ITSAS JAUREGIA - AKUARIUM

Itsas Jauregia edota Akuarium bezala ezagunago den edifizioa 1928. urtean inauguratu zen. Urgull Mendiaren barren-barrenean kokatzen da, kaiaren gaikaldean eta Pasealeku Berriaren ondoan. Itsas ertzean egoteak egiten du Kontxa badia ederreko edozein izkinetatik ikusgai izatea.

Barrualdea hiru solairutan banatzen da, non hiru erakusketa ezberdin aurki bait daitezke: Behe solairua-Akuario, bertan ageri dira litoraleko zenbait itsas fauna moeta. Lehen solairua-Museo ozeanografikoa, bere kontxa atalak, arrain, hegazti, alga, muskuluak, koralak eta beste itsas izaki bildumak. Bigarren solairua-Itsas Museoa, bertako itsas historia deskribatzen duena, hiru ataletan banatua: arrantza, untzigintza, portu eta itsas komertzioa, kartografia eta nautika, Etnografia eta itsasgizon sonatuen biografiak.

DONOSTIAR GASTRONOMIA

Euskal gastronomiak, mundu zabalean osoenetako eta bariatuenetakoak, arraiarekin du bere berezitasunik haundiena, moeta ezberdinak mila modu ezberdinetara preparatu ditzakelarik. Sukaldaritza honen bereizgarririk nagusiena barietatean datza, Europa osoan sartu den uniformetasunaren parean.

Espezialitate nagusienak, donostiar erara prestaturiko bisigua dugu, euskal erara ala saltsa berdean eginiko legatza, esparragu, txirla eta perrejilez ongi hornitua; xangurroa, xibia tinta beltzean, kokotxak, angulak, eta makailua hamaika eratara.

Janari guzti hauek laguntzeko Gipuzkoako probintziak ardo txuri ederra sortzen du, txakolina izenekoa, mikatz gustokoa. Getarian egiten da batez ere.

Esan genezake Donostia dela Euskalerriko gastronomiaren erdigunea. "Arzak", "Akelarre", "Nikolasa" bezalako errestauranteak, gida gastronomiko entzutetsuenetan ageri dira kalifikaziorik altuenik. Donostiako geografia osoan jantoki ugari dago, nahiz eta alderdi Zaharrean biltzen diren gehienak.

DONOSTIAKO HIPODROMOA

1914. urteko Gerla Haundian, Frantziak, bere errekurtso ekonomiko eta humanoak jarriak zituen borrokan. Clemenceau "premier"rak debekatu egin zituen zaldi karrerak, haren ustez austeritate kontsignen kontra zihoaztelako halako atakan. Orduan Claude Marquetek, Donostiako

Kasinora lotutako gizona bera, Donostiarentzat ordua iritsia zela pentsatu zuen, eta zaldi odol garbi eta ikuilu frantsesei hemen leihatzeko aukera eskeini zien. Baina horretarako hipodromo bat eraiki behar zen aguro.

Udaletxean jaso zuen oihartzunik haundiena iniziatibak, eta promotoreen eskuetan ezarri zuten Zubietako alderdian baso lurrak. Bederatzi hilabete terditan bukatu ziren obrak.

1916. urteko uztailak 2 inauguratu zen beraz, Donostiako Udal Hipodromoa, bertara ailegatuz propio Espainiako Erregea Alfonso XIII.a bere Korte guztiarekin eta Gobernuko ministrariekin.

Gerra Haundiaren bukaerak ikuilu haundiak bueltatu zituen atzera Europara. Baina Donostiak ez zuen etsi bere zaldi laisterketek Nazioarteko kategoriarik gal ez zezaten. Eta 1922. urtean, 500.000 pezetetako sari bat iragarri zen. Mundu zabaleko saririk haundienetakoa eta gaurko miloe erdi bat dolarren pareko. Lasterketa haren harrakastak erakarri zituen hurrengo urtean Aga Khan printze famatuaren koloreak. Ezin izan zuen estreinaldi ederragorik izan eta "Niceas"ekin irabazi zuen 1923. urteko saria.

Orduz geroztik, eta hirurogei urtetan zehar etenik gabe Donostiako Udal Hipodromoak antolatu zituen udaran, Madrilekoak neguan bezala, Espainia osoko zaldi laisterketa bakarrak. Garai honetan sortu zen Donostian afizio haundia.

Azken urtetan, Konostiako Udaletxeak, bere Udal Hipodromoaren aldeko ekintzak burutzeari ekin dio. Tribuna gehiago eraiki zen eta zaldientzako boxe gehiago ere bai. Instalazio lagungarri guztiak hobetu ziren. Azkenik, pistak erreformatu ziren laisterketen bilakaera ezin hobea gerta zedin.

Donostiak beraz, baditu bi laisterketa garai: betiko udarakoa, gero eta zabalago eta negukoa 1986. urtean lehenengoz hasia.

DONOSTIAKO INGURENEAK

Gipuzkoako litorala —Donostia hiriburu duena— 60 kilometroz hedatzen da harkaitz eta hare fineko hondartzatan, eta beren fisonomia osorik gordetzen jakin duten herri ttiki arrantzaleekin.

Hemen jasotzen ditugu bisita ezinbestekoa duen zenbait herri:

HONDARRIBIA

Mendeetan zehar setioetatik babestu zuen harresia mantentzen du zatika, Carlos V.ren gaztelua bezala, gaur egun Paradore Nazionala bihurtua, eta San Telmo gaztelua XVI. mendekoa piraten sarraldietatik babesteko eraikia. Bidasoaren bukaeran hondartza zabala, etxebizitza ugariekin.

PASAIA

Hiru Pasaietako bakoitza bere ezaugarrietan bildua azaltzen da: Pasai Antxio merkatal portuarekin, Espainian garrantzitsuenetako bat; Pasai San Pedro, bere arrantza flota garrantzitsuarekin, eta Pasai Donibane bere kale bakar eta estuarekin etxeen azpietatik luzatzen dena zenbaitetan. Pasai Donibanek, interes berezia eskaintzen dio bisitariari.

ORIO

Donostiatik 20 kilometrotara, arrantzale herrixka da. Hondartza badu ugaldea eta mendiaren artean.

ZARAUTZ

Turistiko aldetik oso desarroilatua; duela ez asko apartamendu askokiko urbanizazio garrantzitsuak egin dira. Bere monumendu artistikorik aipagarrienak hauek dira: Torre Luzea, Narros Jauregia, eta Eliza Nagusia. Hondartza zabala du, txaletak eta lorategiak bertaraino iristen direlarik. Golf zelaia ere badu.

GETARIA

Donostiatik 30 kilometrotara jaio zen Elkano, munduari estrainekoz jira eman ziona, Getarian. Bere San Salbatore Elizak, XIV. mendekoa, eskaintzen dio bisitariari besteak beste erakargarritasun haundi bat.

Kantauriko itsas ertzaren lekurik ederrenetarikoa da Getaria ezbairik gabe.

ZUMAIA

Uda parteko herria, bi hondartza zabal baditu. Aipatzekoak dira bere Eliza Naguzia, gotikoa eta Zuloagaren Museoa, arte ederreko obra garrantzitsu asko dituena.

DEBA

Hondartza haundi irekia du, eta zenbait hotel. Bere Eliza Nagusia gotikoa da.

MUTRIKU

Bizkaiarekin muga-mugan dago. Bere Udal terrenoetan aurkitzen da Saturraraneko hondartza, ederra ederrik bada. Gipuzkoako arrantza porturik nagusienetakoa da gainera.

LOIOLAKO SANTUTEGIA

Txango honetarako ibilbide aholkugarria zera duzue: kosta guzian zehar Zumaiara iristea lehenengo, Loiolara zuzendu eta Errezil eta Tolosatik bueltatu. Jesusen Lagundiko fundatzaile izan zen Loiolako Inazio Santuaren jauretxean altxatua dago Santutegia.

OÑATI ETA ARANTZAZU

Hiri historikoa da Oñati, inon besterik bada, eta neurriz kanpoko balio artistiko eta monumentala gordetzen du bere muga barruetan, bere Unibertsitatea, Eliza eta anitz dorre eta jauretxeekin. Oñatitik bederatzi kilometrotara Arantzazuko Santutegia dago, Gipuzkoako Ama Birjin patroiari eskeinia. Arkitektura ausarteko edifizioa da, paisaia malkatsean eraikia eta harri eta harkaitzez inguratua.

UNA BREVE HISTORIA

EN un rincón de la bahía de la Concha, protegido de los vientos del Norte por el Monte Urgull, existió desde antiguo un poblado de pescadores, embrión de la actual ciudad de San Sebastián. Su nombre es también el de Donostia. No fue objeto de fundación en época precisa, como otras ciudades surgidas en la invasión romana. Nace a la luz de la historia, por vez primera, en el siglo XII, cuando un documento de la época habla de Izurum, refiriéndose a un asentamiento humano ubicado en la zona. En la segunda mitad del siglo XII el Rey Sancho el Sabio de Navarra otorga a la villa su Fuero de Repoblación denominándola ya como San Sebastián.

Los habitantes viven de cara al mar y se hacen famosos en la Edad Media en la caza de la ballena y en la pesca de bacalao, llegando en su busca hasta·las costas de Groenlandia y Terranova. Paralelamente a la pesca se desarrolla en la ciudad un próspero comercio marítimo y en sus muelles se embarca el aceite y vino de Navarra destinado a Francia, Flandes e Inglaterra. Como necesidad impuesta por este comercio, en las orillas del río Urumea surgen astilleros y herrerías.

Por su cercanía a la frontera de Francia, San Sebastián es, durante siglos, ciudad fortificada. El monte Izurum, que se denomina ya Urgull, se convierte en castillo artillado para la defensa del territorio. La guerra va a actuar permanentemente sobre la ciudad, siendo objeto de numerosos asedios en los siglos XVII y XVIII.

También sufrió San Sebastián los embates del fuego, siendo parcialmente destruida en doce ocasiones. En el año 1808 San Sebastián fue ocupada por los soldados de Napoleón, que permanecieron en la ciudad hasta 1813. En este año, las tropas aliadas anglo-portuguesas entraron victoriosas en la ciudad y, tras una serie de violencias y abusos ejercidos sobre la población civil, prendieron fuego a los edificios. La destrucción fue casi total, salvándose solamente la línea situada más al norte y entre ellas las iglesias de Santa María y San Vicente.

Pero los donostiarras no se resignan. Reunidos en Zubieta deciden reconstruir su ciudad. Surge así una nueva «Parte Vieja», cuyo centro es la Plaza de la Constitución, donde se ubica el edificio del Ayuntamiento.

Otro hecho determinante en el desarrollo de San Sebastián fue el derribo de las murallas, que tiene lugar en 1863. A partir de entonces la ciudad va extendiéndose por los arenales circundantes en ensanches urbanísticos llenos de armonía.

En 1845 llega a Donostia la Reina Isabel II para tomar baños de mar que le aliviarán una enfermedad cutánea. Su presencia durante varios años motivó la de la Corte, Gobierno y aristocracia españolas. Ello provocó una rápida capitalización y, en consecuencia, el desarrollo urbano y de los servicios municipales. San Sebastián es pionera en España del establecimiento del tranvía, del alumbrado eléctrico viario, del teléfono...

La guía universal del ocio considera San Sebastián como estación balnearia de primer orden, a la altura de Niza, Montecarlo o Vichy. La guerra europea marcó el cenit de esta llamada «Belle Epoque» al llegar a San Sebastián, tan cercana a la frontera, el dinero huido de un continente en llamas. Su fin llevó a un tiempo nuevo a la ciudad, con un modelo de sociedad mucho menos formal y protocolario. Surgen nuevos ensanches para dar vivienda a una población creciente, que pasa de 20.823 habitantes en 1880 a 65.930 en 1925.

La historia más reciente arranca de la guerra civil y pasa, entre otros aconteceres, por la industrialización de los alrededores de la ciudad, lo que provoca una fuerte presión demográfica resuelta urbanísticamente sin el acierto de épocas anteriores.

Hoy San Sebastián mira con esperanza el futuro. Confía en que las bellezas naturales del entorno, su infraestructura de servicios y la capacidad de sus habitantes permitan el despegue definitivo hacia el desarrollo económico y el progreso humano.

DONOSTIA EN EL PAIS VASCO

El País Vasco, o Euskadi, se encuentra situado en el vértice del Golfo de Vizcaya, a caballo entre el continente europeo y la Península Ibérica. Al ofrecer el único paso hábil entre los Pirineos y el mar, aquel territorio sirvió de camino a diversos pueblos a lo largo de la historia. A pesar de ello consiguió mantener su lengua, sus tradiciones y costumbres, y en definitiva, su identidad.

El País Vasco es un pueblo con lengua propia: el euskara, anterior a la invasión indoeuropea, y que ha podido resistir el embate, primero del más extendido de los idiomas indoeuropeos—el latín—y luego de sus derivados romances: el castellano y el francés.

EVOCACION DE LA CIUDAD

Cuatro montes de altura media protegen la ciudad de los embates del mar: Igueldo, la isla de Santa Clara, Urgull y Ulía. Al sur, otra línea de montañas cierra la vista aumentando su altura a medida que se alejan hacia el horizonte. En medio, en el escaso espacio llano existente, se ha ido desarrollando armoniosamente Donostia. La fuerte presión demográfica obligó en épocas recientes a la construcción de bloques de viviendas en el entorno, muchas de ellas escalonadas en las colinas.

El monte Igueldo cuenta hoy con una explanada y parque de atracciones en su cumbre, a la que es obligado subir para disfrutar de las mejores vistas sobre la ciudad. Coronando el monte, existe un torreón moderno que sustituyó el antiguo faro. Al monte Igueldo se accede a través de dos carreteras que lo circundan y de un funicular inaugurado en 1912.

La isla de Santa Clara hace de rompeolas natural y conserva las aguas de la bahía en calma relativa. El blanco edificio del faro es la única construcción existente. En verano, la isla es importante centro de visita, llegándose a ella a través de un servicio de embarcaciones que salen del puerto deportivo.

Al amparo del monte Urgull surgió la primitiva villa de San Sebastián. Hoy Urgull es un parque municipal, pero conserva cuidadosamente los rasgos de su Castillo: lienzos de murallas, troneras, baterías de cañones, casamatas... Una red de caminos conducen a la cumbre en la que se erigió, una estatua de Cristo.

La última de las montañas, hacia el Oeste, es Ulía. A principios del siglo se construyó un parque de atracciones, hoy desaparecido. En su cumbre están las instalaciones de tiro al plato, cercanas a la «Peña del Ballenero» que nos evoca épocas pasadas, cuando el vigía advertía a puerto la presencia cercana de los cetáceos, encendiendo una hoguera.

El río Urumea divide la ciudad en dos partes. Es un río de corto recorrido. Tres puentes monumentales lo cruzan enlazando ambas orillas. Son, de Norte a Sur, el puente del Kursaal, el de Santa Catalina y el de María Cristina. La vista panorámica del río permite apreciar la calidad estética del urbanismo creado a su alrededor.

La bahía de la Concha constituye el paisaje tópico de San Sebastián. Las playas de la Concha y Ondarreta la circundan, trazando una curva de suave perfección cuyo perímetro, en bajamar equinoc-

cial, es de 1.850 m. En un extremo está el puerto; en el otro, el Paseo del Tenis y la escultura «El Peine del Viento». Enlazando ambos puntos se extiende el Paseo de la Concha, que tiene para San Sebastián el mismo valor universal de evocación que la «Croisette» para Cannes o el Paseo de los Ingleses para Niza.

El barrio más antiguo de la ciudad se denomina «Parte Vieja». Y lo es sólo en relación con las otras zonas, ya que su construcción se produce a partir del incendio que destruyó San Sebastián en 1813. Los edificios son de una armónica sencillez, alineados en calles estrechas y rectas, cuyo centro es la Plaza de la Constitución. Los números pintados sobre la fachada nos recuerdan un tiempo pasado, donde en la Plaza se corrían toros y el espectáculo se contemplaba desde graderíos y balcones. La «Parte Vieja» es hoy «ágora» ciudadana, lugar de encuentro para donostiarras y visitantes que a la hora de anochecer frecuentan sus múltiples tabernas, bares, restaurantes y sociedades gastronómicas en busca de reposo y relación humana.

El puerto ha perdido aquella actividad comercial intensa de siglos pasados. Todo el tráfico marítimo de mercancías se concentra en el cercano puerto de Pasajes. La dársena comercial alberga hoy numerosas embarcaciones deportivas que también han de fondear, por falta de espacio, en la bahía de la Concha. En cuanto a la dársena de pescadores son menos cada vez los barcos y, en consecuencia, la pesca. Cuando ésta llega, su descarga constituye un espectáculo de singular atractivo.

Las sociedades populares constituyen uno de los elementos caracterizadores de San Sebastián. Forman estas Sociedades grupos de amigos que se reúnen en un local para comer o cenar lo que ellos mismos preparan. Pero no sólo les une el móvil gastronómico. Necesitan ese contacto humano como fórmula de escape a las tensiones de cada día. No se permite el acceso a las mujeres, aunque esta prohibición va desapareciendo poco a poco. La carne, el pescado o las hortalizas se compran fuera. Pero los ingredientes y la bebida son sacados de la bodega de la Sociedad y abonados por el usuario sin mayor control, en un sistema de confianza mutua que no falla. Más de un centenar de Sociedades existen en San Sebastián, muchas de ellas ubicadas en la «Parte Vieja».

La Plaza de Guipúzcoa es un parque que se abre en medio de la ciudad como un osasis de verdor. Hay plantadas especies arbóreas singulares, como cerezos japoneses, olmos, magnolios y palmeras. El pequeño estanque alberga una vistosa colección de patos y cisnes.

UN AÑO DE ACTIVIDADES VARIADAS

Donostia es la capital cultural y turística de Euskadi. No hay título oficial que lo acredite, pero lo cierto es que el variado programa de actividades ofrecidas ejercen una particular atracción para los habitantes del País Vasco y para los de las comunidades vecinas.

La estancia del visitante en San Sebastián podría ser denominada como «las vacaciones en acción». En efecto, pocas zonas turísticas ofrecerán tan completo programa, que se extiende, además, a lo largo de todo el año.

Un año festivo que se inicia el 20 de enero, con las fiestas patronales. La víspera—noche del día 19—es costumbre cenar fuera de

Hípica y Tiro, organizan concursos internacionales en sus modalidades respectivas. Culmina el verano en la Semana Grande donostiarra, alrededor del 15 de agosto, con un programa espectacular de acontecimientos deportivos, festivos y musicales que, cada noche, se cierran en las sesiones del Concurso Internacional de Fuegos Artificiales.

En la segunda parte de agosto se celebra la Quincena Musical. Las más prestigiosas orquestas y ballets actúan en el Teatro Victoria Eugenia y en otros auditorios de la ciudad, en un programa que cuenta con un prestigio de calidad, reconocido en Europa.

Septiembre es el mes de las tradiciones y folklore vascos. Las regatas de traineras atraen en los dos primeros domingos a decenas de miles de personas alrededor de la bahía de la Concha. En los pueblos vecinos las fiestas patronales ofrecen las múltiples formas del deporte autóctono—pelota, cortadores de troncos, levantadores de piedra, etc.—con lo que el hombre vasco llenó durante siglos su ocio.

La temporada veraniega se cierra con el máximo acontecimiento cultural y festivo del año: el Festival Internacional de Cine de San Sebastián. Un festival a la altura y categoría de los de Berlín, Cannes, Venecia y Moscú.

Congresos y Ferias Comerciales varias, llenan el otoño. La Feria de Santo Tomás, el 21 de diciembre, abre la puerta a las fiestas navideñas. En la Plaza de la Constitución se celebra una exposición de productos agrícolas y de animales. En otras plazas de la Parte Vieja hay montados puestos de productos artesanos y herramientas para el campo, así como de venta de quesos, chacolíes y el tradicional bocadillo de pan y txistorra.

casa, bien en restaurantes o sociedades populares, para dirigirse luego a la Plaza de la Constitución. Aquí, a las 12 en punto, tiene lugar el acto de izar las banderas como señal de inicio para el jolgorio popular. Y esta ceremonia, que preside el alcalde, se hace a los acordes de las músicas populares interpretadas por la Tamborrada de Gaztelubide. A lo largo de la noche, y durante todo el día siguiente, treinta y seis tamborradas recorren las calles de San Sebastián. El momento culminante de la fiesta es la salida de la tamborrada infantil. Unos 3.500 niños, encuadrados en cuarenta compañías distintas y vistiendo uniformes militares del siglo XIX, desfilan al son de los mismos ritmos en un espectáculo de gran vistosidad.

La tamborrada marca el inicio del tiempo del Carnaval, que tiene su continuidad en la salida de dos comparsas en el mes de febrero: la de «Caldereros» y la de «Iñudes y Artzaias». Todo esto culmina en el Carnaval donostiarra donde, durante cinco días, ingeniosas comparsas, carrozas, músicos y «fanfares» alegran las calles, sumándose a ellas los donostiarras y forasteros con variados disfraces.

La primavera es la época de grandes conciertos musicales que se prolonga en el solsticio de verano, alrededor del 24 de junio, festividad de San Juan. El solsticio se celebra en el País Vasco con actos que son reminiscencia de ritos paganos. El culto al Sol como deidad benéfica, en cuyo honor se encendían hogueras en todo el País, sigue teniendo una vigencia formal. Cristianizada la tradición, ha surgido la Fiesta del árbol de San Juan, celebrada en la Plaza de la Constitución donostiarra, en la tarde del 24 de junio.

Tras los «sanfermines» de Pamplona, a principios de julio, se produce el estallido del verano en San Sebastián. Fiestas variadas se suceden en calles y plazas. La música del Jazz atrae al Festival a jóvenes de Europa. Comienza la temporada de carreras de caballos que se prolongará hasta el otoño. Los clubs de Golf, Tenis, Náutico,

MONUMENTOS Y EDIFICIOS

San Sebastián cuenta con numerosos edificios de valor arquitectónico e histórico. Aquí se recogen los más singulares.

MUSEO DE SAN TELMO

El actual Museo de San Telmo fue fundado, como convento de Dominicos, en la primera mitad del siglo XVI (1530-1550), por el Secretario de Estado de Carlos V, Alonso de Idiáquez y su esposa Engracia de Olazabal.

El claustro es de estilo renacimiento, a base de columnas y arcos de medio punto y de una bóveda de crucería. La planta de la iglesia es de cruz latina, teniendo un ensanche a modo de crucero, en la proximidad del presbiterio.

Durante tres siglos, el edificio estuvo dedicado a convento-residencia de los Padres Dominicos. En 1836 fue destinado a Cuartel de Artillería. Ya en el siglo XX fue recuperado para la ciudad de San Sebastián, procediéndose a su adaptación para Museo Municipal. El Ayuntamiento adquirió el edificio en 1928, encargándose al pintor José María Sert que trabajara sobre los 590 metros cuadrados de pared que presentaba lo que había sido iglesia. En ellas recogió leyendas e historia del País Vasco, entre las que figuran algunas gestas importantes realizadas por hombres de Guipúzcoa.

Ofrece el Museo una importante colección de estelas discoidales, teniendo destinadas varias salas a arqueología, etnografía vasca y pintura tradicional, moderna y contemporánea.

BASILICA DE SANTA MARIA

Se encuentra situada junto a la ladera sur del Monte Urgull. Es considerada como la iglesia matriz o primigenia de San Sebastián. Sobre la planta de otro templo anterior, el actual comenzó a construirse en 1743, terminándose en 1764. Es de estilo barroco y tiene 64 metros de longitud por 33 de anchura y 35 de altura en su cúpula central. En el altar mayor se venera la imagen de la Virgen del Coro, patrona de la ciudad.

IGLESIA DE SAN VICENTE

Es considerada como el edificio más antiguo de San Sebastián. Fue construido en la primera mitad del siglo XVI en el estilo gótico, quedando sin terminar la torre. El interior es sombrío y bellísimo, coronado por un alto presbiterio que cubre un retablo valioso, obra de Ambrosio de Bengoechea y Juan de Iriarte.

CATEDRAL DEL BUEN PASTOR

Se levanta en el centro de una extensa plaza. De estilo ojival, fue inaugurada en 1897, obra del arquitecto Manuel de Echave. Es la iglesia de mayor tamaño. La planta del edificio es regular y simétrica y tiene una superficie de 1.915 metros cuadrados.

EL AYUNTAMIENTO (ANTIGUO CASINO)

Tras el final de la segunda guerra carlista, San Sebastián inicia una clara recuperación económica. Se piensa entonces que la construcción de un Casino es fundamental en una ciudad que empieza a pisar con fuerza entre las estaciones turísticas de Europa.

El Ayuntamiento cedió siete mil metros cuadrados de terreno y con la condición de que en «ningún tiempo se destinaría a otro objeto que el Casino». La construcción duró tres años, inaugurándose el 1 de julio de 1897.

El Casino actuó a partir de entonces como motor de progreso en San Sebastián. Por sus salones pasaron los más destacados políticos, escritores, financieros y artistas.

Pero el Casino, al mismo tiempo que centro de juego y recreo, actuó también como financiador de variadas iniciativas. Y así se hizo posible la construcción del Paseo Nuevo y del Parque de Alderdi Eder. Y lanzó también a la fama el hipodromo de San Sebastián con premios millonarios que reunieron las mejores cuadras de Europa.

La prohibición del juego en 1924 llevó al cierre de las salas de juego. Languidecieron en consecuencia sus actividades de recreo. El 20 de enero de 1947 el Ayuntamiento dejó el edificio de la Plaza de la Constitución, trasladándose al Casino, donde aún sigue siendo Casa Consistorial de la ciudad.

EL TEATRO VICTORIA EUGENIA

El Teatro Victoria Eugenia fue inaugurado en 1912, con asistencia de los Reyes. A semejanza de otros importantes teatros europeos, el suelo del patio de butacas del Teatro Victoria Eugenia es basculante, de forma que puede elevarse hasta la línea del escenario. Ello permite la celebración de fiestas y bailes, previa la retirada de las butacas. En 1922 el teatro fue reformado, llevándose a efecto obras varias en palcos y plateas.

San Sebastián era, en aquel principio de siglo, estación turística de prestigio mundial. En consecuencia, por la escena del Teatro pasaron las más renombradas figuras de la música.

Tras la guerra civil es a través de la Quincena Musical donostiarra donde se ofrecen las mejores figuras y espectáculos. El Teatro Victoria Eugenia es también Palacio del Festival de Cine, de forma permanente y continua desde su inicio en el año 1953.

El Teatro Victoria Eugenia revertió al Ayuntamiento de San Sebastián en 1983. En 1985 se iniciaron unas completas obras de restauración de fachada e interior que permitieron su reapertura el mismo año.

PALACIO Y PARQUE DE MIRAMAR

En una primera etapa (1887 a 1893) y mientras se construia el Palacio de Miramar, la Reina María Cristina se alojó en la finca de Ayete, propiedad de los Duques de Bailén. El Palacio de Miramar se inauguró el 19 de julio de 1893. Su estilo es «cottage inglés Reina Ana». En cuanto a los jardines del parque que rodean el Palacio, fueron diseñados por el donostiarra Pierre Ducasse. El Palacio fue construido íntegramente del peculio de la Reina Regente, pues no quería ser gravosa al pueblo que tan bien la acogía cada verano.

A raíz del fallecimiento de la Reina María Cristina, en 1929, el lugar conoció una decadencia progresiva. En 1971 el Ayuntamiento adquirió la finca y quedaban convertidos los jardines en Parque Municipal, abierto a la población, dedicándose el Palacio a recepciones y actividades culturales.

La superficie total de la finca es actualmente de 34.136 metros cuadrados y la del Palacio, con sótano y tres plantas, de 5.600 metros cuadrados.

PALACIO Y PARQUE DE AYETE

El Palacio de Ayete fue construido por los Duques de Bailén en 1878, sobre terrenos del caserío Ayete. En el Palacio residieron como huéspedes, en una primera época, las más destacadas personalidades de la aristocracia y de la política. En una columna situada frente a la puerta del Palacio puede leerse los años en que Alfonso XII y la Reina María Cristina estuvieron alojados en él: 1887, 1888, 1889, 1890, 1891, 1892 y 1893. En este año trasladaron su residencia al Palacio de Miramar.

El Palacio de Ayete era, con el Palacio de Miramar, la edificación singular más preclara de la ciudad. Se rodeaba de 74.400 metros cuadrados de jardines, donde se ubican cocheras, cuadras, invernadero, torreón de agua, pabellones de la servidumbre y dos capillas.

En el año 1939 el Ayuntamiento de San Sebastián acordó la compra del Palacio para ofrecerlo al Jefe del Estado. Ayete fue residencia del General Franco desde 1940 a 1975, sirviendo de sede durante el verano para la celebración de los Consejos de Ministros del Gobierno español en aquel período.

El día 20 de julio de 1977 sus jardines fueron abiertos al público. En el verano de 1985 se efectuaron en el Palacio obras diversas, acondicionándolo como lugar de recepción y residencia de visitantes ilustres.

El edificio mide en planta 25 x 12 metros y es de estilo neoclásico, habiéndose efectuado en su aspecto exterior diversas modificaciones a lo largo de los años.

EL «PALACIO DEL MAR» - AQUARIUM

El edificio denominado «Palacio del Mar», conocido popularmente por el «Aquarium», fue inaugurado el año 1928. Está situado al pie del Monte Urgull, al final del puerto y junto al Paseo Nuevo. Su situación al borde del mar, lo hace visible desde todos los puntos que circundan la bella bahía donostiarra.

Su interior se distribuye en tres plantas, donde se ubican tres secciones o exposiciones principales: Planta baja-Acuario, en el que se exhiben numerosas especies de la fauna marina del litoral. Planta primera-Museo Oceanográfico, conteniendo secciones de conchas, peces, aves, algas, crustáceos, corales y otras colecciones de seres marinos. Planta segunda-Museo Naval, que describe la Historia Naval local, planteada en cuatro secciones principales, dedicadas a la Pesca, Construcción Naval, Puertos y Comercio Marítimo, Cartografía y Náutica, Etnografía y biografías de marinos ilustres.

GASTRONOMIA DONOSTIARRA

La gastronomía vasca, una de las más variadas y completas del mundo, tiene su especialidad en el pescado, con una diversidad muy grande de especies, preparadas de mil formas diferentes. Esta cocina se caracteriza por su variedad, frente a la uniformidad culinaria que ha invadido Europa.

Las especialidades más características son el besugo a la donostiarra, la merluza a la vasca o en salsa verde, que viene adornada con espárragos, almejas y perejil; el txangurro o centollo, los chipirones en su tinta, las kokotxas, las angulas y las distintas formas de preparación del bacalao.

Para acompañar a estos platos, la provincia de Guipúzcoa produce un excelente vino blanco, llamado chacolí, de regusto ligeramente agrio, que se cultiva especialmente en Guetaria.

Podemos afirmar que San Sebastián es el centro de la gastronomía del País Vasco. Restaurantes como «Arzak», «Akelarre» o «Nicolasa» figuran con las máximas calificaciones en las guías gastronómicas más prestigiosas. Existen decenas de establecimientos de alta calidad por toda la geografía de San Sebastián, aunque la mayoría se concentra en la Parte Vieja.

EL HIPODROMO DE SAN SEBASTIAN

Durante la Gran Guerra de 1914, Francia había puesto todos sus recursos económicos y humanos en la lucha. El «premier» Clemenceau prohibió las carreras de caballos, considerándolas como un atentado a las consignas de austeridad dictadas durante la contienda. Fue entonces cuando Georges Marquet, un hombre ligado al Casino de San Sebastián, consideró que había llegado el momento para San Sebastián, ofreciendo a purasangres y cuadras francesas, la oportunidad de competir aquí. Pero para ello hacía falta construir un hipódromo con toda urgencia.

La iniciativa encontró el mejor eco en el Ayuntamiento, quien puso a disposición de los promotores un terreno boscoso, situado en el barrio donostiarra de Zubieta. Las obras quedaron finalizadas en nueve meses y medio.

El hipódromo municipal de San Sebastián se inauguró el 2 de julio de 1916, asistiendo al acto el Rey de España, Alfonso XIII, con todos los miembros de su Corte y ministros del Gobierno.

La terminación de la Gran Guerra, hizo volver a Europa a las grandes cuadras. Pero San Sebastián no se resignó a que sus carreras de caballos perdieran categoría internacional. Y en el año 1922 se anunció un premio de 500.000 pesetas, uno de los premios mejor dotados del mundo y equivalente a más de medio millón de dólares actuales. El éxito de aquella carrera trajo, al año siguiente, los legendarios colores del Príncipe Aga Khan. Su debut no pudo ser más afortunado y, con «Niceas», ganaba el Gran Premio de 1923.

A partir de esta fecha, y durante sesenta años consecutivos, el Hipódromo de Donostia-San Sebastián organizó—junto a Madrid, en invierno—las únicas carreras de caballos de España. En este tiempo se creó en San Sebastián una afición muy importante.

En los últimos años, el Ayuntamiento de Donostia-San Sebastián ha emprendido una acción clara de apoyo a su Hipódromo municipal. Se construyeron nuevas tribunas y más «boxes» para caballos. Se mejoraron también todas las instalaciones complementarias. Finalmente, se acometió la reforma de las pistas hasta dotarlas de cuantos elementos precisan para el perfecto desarrollo de las carreras.

San Sebastián cuenta así con dos temporadas de carreras: la tradicional de verano, cada vez más amplia y la temporada de invierno, que en 1986 se inicia por primera vez.

LOS ALREDEDORES DE SAN SEBASTIAN

El litoral de Guipúzcoa—provincia de la que San Sebastián es capital—se extiende a lo largo de 60 kilómetros de rocas y playas de fina arena, con una serie de pequeños pueblos marineros que han sabido conservar intacta, a traves del tiempo, su peculiar fisonomía.

Recogemos aquellas poblaciones a las que es obligada una visita.

HONDARRIBIA - FUENTERRABIA

Conserva parte de la muralla que defendió la ciudad de los asedios de que fue objeto a través de los siglos, así como el Castillo de Carlos V, convertido en Parador Nacional, y el Castillo de San Telmo, del siglo XVI, edificado para protegerse de las incursiones piratas. Playa extensa en la desembocadura del Bidasoa, con numerosos alojamientos.

PASAIA - PASAJES

Cada uno de los tres Pasajes aparece con su propio carácter: Pasajes Ancho, como puerto comercial, uno de los más importantes de España; Pasajes de San Pedro, en donde radica una importante flota pesquera, y Pasajes de San Juan, con su calle única y estrecha que se alarga muchas veces por debajo de las casas. Pasajes de San Juan es un pueblo singular que ofrece un especial interés para el visitante.

ORIO

A 20 kilómetros de San Sebastián, Orio es un pequeño pueblo de pescadores con una playa situada entre la ría y el monte.

ZARAUTZ - ZARAUZ

Villa de gran desarrollo turístico; se han construido recientemente importantes urbanizaciones con numerosos apartamentos. Son sus monumentos de interés artístico: Torre Lucea, el Palacio de Narros y la Iglesia Parroquial. Posee una amplia playa, hasta la que llegan los jardines y chalets. Dispone de campo de golf.

GETARIA - GUETARIA

A 30 kilómetros de San Sebastián. En Guetaria nació Elcano, primer navegante que dio la vuelta al mundo. Su iglesia de San Salvador, del siglo XIV, es uno de los muchos atractivos que ofrece este lugar, considerado uno de los más bellos del Cantábrico.

ZUMAIA - ZUMAYA

Ciudad veraniega, cuenta con dos playas extensas. Es notable su iglesia parroquial, de estilo gótico, y el Museo de Zuloaga, con importantes obras de arte.

DEBA - DEVA

Posee una gran playa abierta, así como diversos hoteles. Su iglesia parroquial es de estilo gótico.

MUTRIKU - MOTRICO

Se encuentra en el límite con la provincia de Vizcaya. Dentro de su término municipal se encuentra la playa de Saturrarán, de gran belleza. Es uno de los principales puertos pesqueros de Guipúzcoa.

SANTUARIO DE LOYOLA

Un itinerario recomendable para esta excursión es llegar por la costa a Zumaya y, desde aquí, dirigirse a Loyola. El retorno puede hacerse a través de Régil y de Tolosa. El Santuario está erigido en la casa solariega de San Ignacio de Loyola, fundador de la Compañía de Jesús.

OÑATI ETA ARANTZAZU - OÑATE Y ARANZAZU

Oñate es ciudad histórica de extraordinario valor artístico-monumental, con su universidad, iglesia y numerosas torres y casas señoriales. A nueve kilómetros de Oñate se encuentra el Santuario de Aránzazu, dedicado a la patrona de Guipúzcoa. Es un edificio de arquitectura audaz, emplazado en un paisaje agreste de piedra y rocas.

A LITTLE HISTORY

A small community of fishermen existed in ancient times in a corner of La Concha Bay, protected against the winds of the North by Monte Urgull; this was the origin of the city of San Sebastián which we know today. Its name in the Basque language is Donostia. We cannot say that it was founded in a particular epoch, as was the case for other cities which came into being during the Roman invasion. History first shows a record of its existence in the 11th century when a document of that period spoke of Izurum, referring to a settlement located in the area. During the second half of the 12th. century, King Sancho «El Sabio» (the Wise) of Navarra granted the village its Re-Population Law and named it, at that time, San Sebastián.

The inhabitants always lived with a view of the sea and were famous in the Middle Ages for their whale hunting and cod fishing, occupations which took them as far away as the Greenland and Newfoundland coasts. The city's fishing industry developed alongside a prosperous shipping trade and oil and wine from Navarra were shipped from the docks to France, Flanders and England. As a result of the needs arising from this busy trade, shipyards and ironworks were established along the shores of the Urumea river.

Due to its proximity to the French border, San Sebastián was a fortified city for centuries. Monte Izurum, which is called Urgull today, became a castle armed with heavy artillery for the defence of the territory. War was ever present in the city, which fell victim to many sieges during the 17th and 18th centuries.

San Sebastián was partially destroyed by fire on twelve different occasions. In the year 1808, San Sebastián was occupied by Napoleonic forces, who remained in the city until 1813. In that year, the allied English-Portuguese troops made a victorious entry into the city and after a series of violent and abusive actions carried out against the civil population, they set fire to the city. The destruction was almost complete, and only the most northern line of structures was saved, including the Churches of Santa María and San Vicente.

But the «donostiarras», the people of San Sebastián, did not give up. They met at Zubieta and decided to reconstruct their city and thus a new «Old Part» arose, whose centre was located in the Plaza de la Constitución, where the old Town council building is found.

Another significant factor in the development of San Sebastián was the disappearance of the ramparts, which were demolished in 1863. At that time, the city began to spread out to the surrounding sandy expanses, forming new and harmonious, development areas.

In 1845, Queen Isabel II came to Donostia in order to bathe in the sea and find relief for her skin ailment. Her presence over the years attracted that of the Spanish Court, Government and aristocracy. This situation lead to rapid investment and as a result a new surge in urban development and municipal services. San Sebastián was a pioneer in Spain for the establishment of trams, street lights and telephones.

San Sebastián is universally considered a first class sea-side resort, on a par with Nice, Montecarlo and Vichy. The European war marked the height of the so-called «Belle Epoque», for San Sebastián, due to its border location, attracting the affluent population, which was fleeing from a continent in flames. The end of the war initiated a new period for the city, characterized by a much less formal and restrictive society. New city districts grew up in order to house an ever growing population which went from 20,823 inhabitants in 1880 to 65,930 in 1925.

The city's more recent history can be traced from the Spanish Civil War through a series of events, which included the industrialization of the outskirts of the city. This situation led to strong demographic pressure which was resolved less successfully by city-planners on this occasion than in previous years.

Today San Sebastián looks to the future with hope. The city is confident that the natural beauty of its surroundings, its range of services and the ability of its inhabitants will allow for the definitive advance towards economic development and human progress in the future.

DONOSTIA IN THE BASQUE COUNTRY

The Basque Country or Euskadi is located at the top of the Golfo de Vizcaya (Bay of Biscay), between the European continent and the Iberian Peninsula. As it provided the only suitable passage between the Pyrenees and the sea, the territory has served as a pathway for different peoples throughout History. Despite this fact, it has managed to conserve intact its language, traditions and customs and, hence, its identity.

The people of the Basque Country had their own language —Euskara—, prior to the Indo-European invasion, which was able to resist the influence of the most widespread Indo-European language —Latin in the first place, and then its Romance derivatives— «Castellano» (Castilian) and French.

A DESCRIPTION OF THE CITY

Four mountains of average height protect the city from the sea: Igueldo, the island of Santa Clara, Urgull and Ulía. The view to the south is closed off by another line of mountains which increase in height as they grow more distant along the horizon. In between, in the limited area of the existing plains, Donostia has developed in a harmonious manner. The strong demographic pressure of recent years has made it necessary to put up large blocks of flats on the outskirts of the city, many of which are spaced out along the hills.

Monte Igueldo today has a fine esplanade and an amusement park at the top, which should be visited if one wishes to enjoy the best views of the city. There is a large, modern, fortified tower crowning the mountain which replaced the old lighthouse. Two highways skirt Mount Igueldo and access is also possible by a funicular opened in 1912.

The «Isla de Santa Clara» (island) is a natural breakwater and ensures the waters of the bay remain relatively calm. The white building of the lighthouse is the only existing construction. In summer, the island attracts a great deal of visitors who are brought over by a regular boat service leaving from the Pleasure Harbour.

The old village of San Sebastián grew up under the protection of Monte Urgull. Today Urgull is a municipal park but it still carefully conserves the remains of its Castle: sections of the rampart walls, loopholes, cannon batteries and casemates. A network of paths leads to the top of the mountain where a statue of Christ was erected.

The last of the mountains to the West is Ulía. An amusement park was built here at the beginning of the century but it no longer exists today. Trap-shooting installations are found at the top, near «Peña del Ballenero» (Whale-hunter's Peak) which reminds us of past ages, when the look-outs warned the harbour of the approaching whales, by lighting huge bonfires.

The Urumea river divides the city into two sections. It is a short river, spanned by three monumental bridges. These bridges are, in descending order from North to South, the Kursaal bridge, the Santa Catalina bridge and that of María Cristina. From the river there is a perfect view of the buildings created around it.

La Concha bay is the most representative landscape of San Sebastián. The beaches of La Concha and Ondarreta form a gentle curve around the bay, whose perimeter at equinoctial low tide, is 1,850 metres. At one end is the harbour; at the other, the Paseo del Tenis and the sculpture of «El peine del viento» (The Comb of the Wind). Joining both points is the

Paseo de la Concha which holds the same universal significance for San Sebastián as does the Croisette for Cannes or the Esplanade of the Englishmen for Nice.

The oldest quarter of the city is called the «Parte Vieja» and it is the Old Part but only in relation to other areas, which were built after the fire which destroyed San Sebastián in 1813. The buildings found here are of harmonious and simple design lining straight, narrow streets, in the very centre of which is the square called the Plaza de la Constitución. The numbers painted on the facade remind us of a past era, when the Plaza witnessed the running of the bulls and the surrounding balconies served as the stands from which the bullfight was watched. The «Parte Vieja» is today the people's Agora, a meeting place for locals and visitors who frequent the many taverns, bars, restaurants and gourmet societies at dusk in search of rest and relaxation.

The harbour has lost that busy commercial activity of past centuries. All of the shipping traffic is now concentrated in the nearby port of Pasajes. Today the commercial dock area accommodates many sports vessels which are also obliged, due to lack of space, to anchor in La Concha bay. As for the fishermen's dock area, the number of boats has been decreasing and, as a result, so has the fishing. The unloading of the fishing boats when they arrive is still a very unusual and attractive spectacle.

The Popular Societies. They make up one of the most characteristic elements of San Sebastián life. These Societies consist of groups of friends who meet in private headquarters to enjoy a lunch or dinner which they themselves prepare. However, the reason for these get-togethers is not merely gastronomical, but it is rather a way of meeting the need for human contact and escaping from the stress and concerns of every day life. Women as a rule are not allowed entrance, though this prohibition is gradually disappearing. Meat, fish and vegetables are purchased outside, but the ingredients and the beverages are taken from the Society's pantry and wine-cellar and paid for by the user with no more control than an honour system which never fails. Over a hundred of these Societies exist in San Sebastián, many of which are located in the «Parte Vieja».

The Plaza de Guipúzcoa is a park which spreads out in the heart of the city like an oasis of green. There are unusual tree species as well as Japanese cherry trees, elms, magnolias and palm trees. The small pond is home to a very colourful collection of ducks and swans.

A YEAR OF VARIED ACTIVITIES

Donostia is the cultural and tourist capital of Euskadi. There is no official title which gives it this distinction but it is nevertheless true that the varied programme of activities offered by the city is a major source of attraction for the inhabitants of the Basque Country and those of the nearby communities.

The visitor's stay in San Sebastián could easily be termed «vacations in action». In fact, few tourist areas offer such a complete programme which extends throughout the year.

The Calendar of Festivities begins on January 20th with the Fiestas in honour of the Patron Saint. On the night of the 19th it is customary to dine out, either in restaurants or in the popular private societies, and then head for the Plaza de la Constitución. Here, at twelve midnight, the flags are raised in a special ceremony which marks the beginning of the popular celebrations. The Mayor presides over this ceremony which is conducted to the tune of popular music played by the «Tamborrada» (Drummer's Group) of Gaztelubide. Throughout the night and all through the following day, thirty-six «tamborradas» wander through the streets of San Sebastián. The climax of the festivities takes place with the appearance of the Children's «Tamborrada». Approximately 3,500 children grouped into forty different companies and wearing 19th century military uniforms parade through the streets to the same tunes, making up a very colourful spectacle.

The «Tamborrada» marks the beginning of Carnival time which is followed by the appearance of two «Comparsas» or processions in the month of February: that of the «Caldereros» (Boiler-makers) and that of the «Iñudes y Artzaias». All of this leads up to San Sebastián's big Carnival celebrations in which charming processions, carriages, musicians and trumpeters liven up the streets of the city for five days, a celebration in which local residents and visitors, dressed in a variety of costumes, take a very direct part.

Spring is the season for the great music concerts which go on until the Summer Solstice, around the 24th of June, the festivity of San Juan (St. John). The Solstice is celebrated in the Basque country with events which are reminscent of pagan rites. The worship of the Sun as a beneficial deity, in whose honour bonfires are lit throughout the area, continues to be a very popular ritual. The Christianizing of the tradition led to the Festivity of the Tree of San Juan, held in San Sebastián's Plaza de la Constitución on the afternoon of the 24th of June.

Following the San Fermin festivities of Pamplona, at the beginning of July, the proclamation of the Summer Season takes place in San Sebastián. A variety of celebrations are held in the streets and squares. The Jazz Music Festival attracts young people from all over Europe. The horse racing season begins and lasts until autumn. The local Golf, Tennis, Yachting, Riding and Shooting Clubs organize international contests in their respective fields. The summer calendar reaches the height of its activity with its «Semana Grande» (Big Week), held around the 15th of August, with a spectacular programme of sports, festive and musical

events which are concluded every evening with a magnificent display of fireworks as part of the International Firework Competition.

The «Quincena Musical» (Musical Fortnight) is held during the second half of August. Famous orchestras and ballet companies perform in the Victoria Eugenia Theatre as well as in other auditoriums throughout the city, in a programme which enjoys an excellent reputation throughout Europe.

September is the month which is most representative of Basque traditions and folklore. The rowing boat competitions attract tens of thousands of spectators to La Concha Bay during the first two Sundays of the month. The celebrations in honour of the local Patron Saints of nearby towns provide the opportunity for viewing exhibitions of the most typical regional sports, such as Pelota (handball), tree trunk cutting, weight lifting, etc., which the Basque men have practised in their spare time for centuries.

The summer season draws to a close with the most important cultural and festive event of the entire year: The San Sebastián International Film Festival. This Festival holds the same importance as those held in Berlin, Cannes, Venice and Moscow.

A variety of Congresses and Trade Fairs fill the autumn time-table. The Santo Tomás Fair on the 21st of December marks the beginning of the Christmas celebrations. An exhibition of agricultural products and livestock is held in the Plaza de la Constitución. In other squares of the Old Section, there are stands set up for the sale of handicraft products and farm tools as well as stalls of cheeses, chacoli wines and the traditional «txistorra» (sausage) sandwich on thick bread.

MONUMENTS AND BUILDINGS

San Sebastián has many buildings of important architectural and historic significance. We can cover here only the most outstanding.

SAN TELMO MUSEUM

The present Museum of San Telmo was founded as a Monastery of the Dominican Order during the first half of the 16th century (1530-1550), by the Secretary of State for King Carlos V, Alonso de Idiaquez, and his wife Engracia de Olazabal.

The Cloister is of Renaissance style with columns, semi-circular arches and a ribbed vault. The Church has a Latin Cross ground plan, with an extension in the form of a transept near the presbytery.

The building was used as a Monastery-Residence for the Dominican Fathers for three centuries. In 1836, it was turned into an Artillery Barracks and in the 20th century it was reclaimed by the city of San Sebastián, and adapted for its current purposed as the Municipal Museum.

The Town Council acquired the building in 1928 and painter José María Sert was commissioned to work on the 590 square metres of wall which from part of the church. Sert depicted on the walls the legends and history of the Basque Country, including the most important heroic exploits carried out by the people of Guipúzcoa.

The Museum contains a very important collection of discoidal steles and several rooms devoted to Archaeology, Basque Ethnography and Traditional, Modern and Contemporary Painting.

THE BASILICA OF SANTA MARIA

The Basilica is located on the southern slopes of Monte Urgull. It is considered as the first or original Church of San Sebastián. The construction of the Basilica on the site of a former church was begun in 1743 and completed in 1764. It is of Baroque style and is 64 metres long, 33 metres wide and 35 metres high at the central dome. The image of the Virgin del Coro (Virgin of the Choir), the Patroness of the city, is venerated at the main altar.

THE CHURCH OF SAN VICENTE

This church is considered to be the oldest building in San Sebastián. It was constructed during the first half of the 16th century in Gothic style, though the tower was never finished. The interior of the temple is sombre but very beautiful, crowned with a tall presbytery which covers a valuable altar-piece, the work of Ambrosio de Bengoechea and Juan de Iriarte.

THE CATHEDRAL OF EL BUEN PASTOR (CATHEDRAL OF THE GOOD SHEPHERD)

The Cathedral stands in the centre of a large square. The Cathedral, of Ogival style, was founded in 1897, the work of architect Manuel de Echave. It is the largest church, in San Sebastián and features a regular and symmetrical ground plan which covers a surface area of 1,915 square metres.

THE «AYUNTAMIENTO» (TOWN COUNCIL) - THE FORMER CASINO

After the end of the Second Carlist War, San Sebastián began a period of economic recovery. It was thought at that time that the construction of a Casino was fundamental to a city which was beginning to play an important role amongst the tourist resorts of Europe.

The Town Council donated seven thousand square metres of land for the project, with the condition that «at no time would it be used for anything other than the Casino». The construction work lasted for three years, and the Casino was opened on the 1st July 1887.

The Casino served from then on as the driving force for progress in San Sebastián. Its premises were visited by the most outstanding politicians, writers, financiers and artists.

However, the Casino was not only a centre for games of chance and other leisure-time activities. It was also the financer of a variety of projects. It was responsible for the construction of the Paseo Nuevo and the Parque de Alderdi-Eder (Park) and the Casino made the San Sebastián race track famous, by establishing some very important prizes which attracted the best stables in Europe.

The prohibition against gambling issued in 1924 led to the closing down of its gambling rooms and so the other recreational activities lapsed as well. On 20th January 1947, the «Casa Consistorial» (Town Council) left the building it had occupied on the Plaza de la Constitución and moved to the Casino, where it still stands today.

THE TEATRO VICTORIA EUGENIA (THEATRE)

The Teatro Victoria Eugenia was opened in 1912 with the Spanish Monarchs in attendance.

The floor of the orchestra or stall section of the Victoria Eugenia Theatre could be lowered or raised, to meet the level of the stage. This made it possible to hold parties and dances in the theatre, when the seats were removed. In 1922, the theatre was reformed and work was carried out on the boxes and the orchestra section.

San Sebastián was, at the beginning of the century, a world-renowned tourist resort area. As a result, many famous stars of the world of music have graced the stage of this Theatre.

Following the Spanish Civil War, the best shows and the top performers were present as part of the «Quincena Musical» (Musical Fortnight)... The Teatro Victoria Eugenia has also been the Palace of the Film Festival ever since 1953.

The Teatro Victoria Eugenia reverted back to the San Sebastián Town Council in 1983. In 1985, full restoration work was initiated on the facade and the interior, which allowed for its re-opening.

THE MIRAMAR PALACE AND PARK

During the first period (from 1887 to 1893) and while the «Palacio del Miramar» was being built, Queen María Cristina stayed at the Ayete Palace, belonging to the Duke and Duchess of Bailen. The Miramar Palace was inaugurated on 19th July 1893 and its style very much resembles that of the Queen Anne English cottage. The gardens of the park which surround the Palace were designed by San Sebastián resident Pierre Ducasse. The Palace was constructed entirely from the Regent Queen's private funds for she did not wish to be a burden to the town which had welcomed her that summer.

Upon the death of Queen María Cristina in 1929, the place fell into progressive decay. In 1971, the Town Council purchased the property and the gardens became a Municipal Park, open to the public, while the Palace was used for cultural activities and receptions.

The total surface area of the property is currently 34,136 square metres and that of the Palace, with its three floors and a basement, measures 5,600 square metres.

THE AYETE PALACE AND PARK

The «Palacio de Ayete» was constructed by the Duke and Duchess of Bailen in 1878, on property of the Ayete country manor. The most outstanding personalities of the aristocracy and the political world were guests in the Palace during its early years. On a column located opposite the Palace door, one can read the years in which Alfonso XII and María Cristina stayed there: 1887, 1888, 1889, 1890, 1891, 1892 and 1893. Then, the Monarchs moved to their residence of Palacio de Miramar.

The Palace of Ayete was, together with the Palace of Miramar, the single most outstanding structure of the city. It was surrounded by 74,400 square metres of gardens, where the coach houses, stables, greenhouse, water tower, servants' pavillons and two chapels were located.

In the year 1939, the San Sebastián Town Council agreed to purchase the Palace and offer it to the Chief of State. Ayete was General Franco's residence from 1940 to 1975, and was the headquarters for the celebration of the Spanish Cabinet Meetings held during the summer months of that period.

On July 20th, 1977, the Palace gardens were opened to the public and in the summer of 1985, work was carried out in order to prepare it for its current use as a reception hall and residence for illustrious visiting dignitaries.

The building measures 25 metres by 12 metres in the ground plan and is of Neo-Classic style, though its exterior has undergone a series of modifications over the years.

THE «PALACIO DEL MAR» (PALACE OF THE SEA) - AQUARIUM

The building called the «Palacio del Mar», known more popularly as the Aquarium was opened in 1928. It is located at the foot of Monte Urgull at the end of the harbour, near the Paseo Nuevo. Its location beside the sea makes it visible from every point of the beautiful Donostia bay.

Its interior is divided into three floors or main exhibition areas: the Lower floor or Aquarium contains many species of the coast's marine fauna on display. The next floor houses the Oceanography Museum, with its selections of shells, fish, birds, algae, crustaeceans, coral and other collections of sea life. The top floor is home to the Naval Museum, which describes the local Naval history, divided into four main sections: Fishing, Naval Construction, Ports and Shipping Commerce, Cartography and Boating, Ethnography and Biographies of illustrious sailors.

DONOSTIARRA GASTRONOMY

Basque Gastronomy, one of the most varied and complete to be found anywhere in the world, specializes in fish dishes, with a very wide range of species prepared in a thousand different ways. This cuisine is characterized by its exceptional variety, in contrast with the culinary uniformity which has invaded the rest of Europe.

The most characteristic specialties are the «besugo a la donostiarra» (sea bream Donostiarra-style), Hake «a la vasca» (Basque-style) or hake in green sauce, which is served with asparagus, clams and parsley, «txangurro» or (spider crab), «chipirones» (squid in its ink), «kokotxas» (barbels), baby eels and the many different ways of preparing cod.

The province of Guipúzcoa produces an excellent white wine called «chacoli» to accompany these dishes; the chacoli has a slightly tart taste and is especially cultivated in Guetaria.

We can say that San Sebastián is the gourmet centre of the Basque Country. Restaurants like Arzak, Akelarre or Nicolasa receive the highest classifications in the most noteworthy gourmet guides. There are dozens of top quality establishments to be found throughout San Sebastián, although most of them are found in the «Parte Vieja» or Old Part.

THE SAN SEBASTIAN RACE TRACK

During the First World War, in 1914, France devoted all her economic and human resources to the Struggle. Premier Clemenceau prohibited horseracing, considering it an offence against the need for austerity called for by the Great War. It was then that Georges Marquet, a man closely related to the San Sebastián Casino, decided that the time had come for San Sebastián to offer the French stables and thoroughbreds the opportunity of competing in Spain. However, in order to be able to do so, a race track had to be built with all urgency.

The initiative was well received by the Town Council, which placed a wooded terrain in the Zubieta quarter of San Sebastián at the disposal of the track promoters. The work was completed in a record, nine and a half months.

The Municipal Race Track of San Sebastián was opened on 2nd July, 1916, and the King of Spain, Alfonso XIII, was present at the ceremony together with all the members of his Court and the Ministers of the Government.

The conclusion of World War One meant the return of the great racing stables to Europe. But San Sebastián did not resign itself to losing the international category of its horse races. In 1922, a prize of 500,000 Pesetas was offered, one of the most important racing purses in the world, and equivalent to half a million dollars today. The success of that race brought the legendary colours of Prince Aga Khan to San Sebastián the following year. The Aga Khan's debut could not have been more successful for his horse «Niceas» won the Grand Prize in 1923.

As from that date and for the following sixty years, the Donostia-San Sebastián Race Track organized, together with the Madrid Track, during the winter season, the only horse races held in all Spain. A very important following for this sport has since grown up in San Sebastián.

In recent years, the Donostia-San Sebastián Town Council undertook a programme to support its Municipal Race Track. New stands were built, more boxes were added for the horses and the complementary installations were also improved. And finally, the reform of the tracks themselves was undertaken in order to provide them with all the necessary facilities for assuring the perfect celebration of the races.

San Sebastián has, then, two racing seasons: the traditional summer one which is always growing and the winter season, which was held for the first time in 1986.

SAN SEBASTIAN's SURROUNDING

The Guipúzcoa coast, the province of which San Sebastián is the capital, spreads out along 60 kilometres of rocky and fine sandy beaches, with a series of small seaboard towns, which have learned how to keep their unique appearance intact throughout the years.

Here are a few towns, visits to which should not be missed.

FUENTERRABIA - HONDARRIBIA

Fuenterrabia keeps part of the ramparts which defended the city against the sieges to which it was a constant victim over the centuries. The town also features the Castle of Carlos V, converted today into a National Parador, and the 16th century Castle of San Telmo, built for protection against pirate raids. A broad beach at the mouth of the River Bidasoa has a large choice of lodging to offer.

PASAJES - PASAIA

Each one of the three Pasajes has its own character: Pasajes Ancho (Pasajes the Wide) is one of the most important commercial harbours in Spain. Pasajes de San Pedro is home to an important fishing fleet. Pasajes de San Juan has a single, narrow street which extends very often below the houses themselves and is a unique town of special interest to the visitor.

ORIO

Located 20 kilometres away from San Sebastián, Orio is a small fishing village with a beach which is situated between an estuary and the nearby mountain.

ZARAUZ - ZARAUTZ

This town has witnessed a major tourist development, with the recent construction of many urban communities and apartment complexes. The most interesting artistic monuments are: the Torre Lucea (tower), the Palace of Narros and the parish church. It has a broad beach surrounded by gardens, private homes, and a golf course.

GUETARIA - GETARIA

Located 30 kilometres from San Sebastián is Guetaria where the first navigator to circumnavigate the world, Juan Sebastián Elcano, was born. Its 14th century Church of San Salvador is one of the most important attractions in this town, which is considered to be among the most beautiful of the entire Cantabrian area.

ZUMAYA - ZUMAIA

A summer resort area, Zumaya has two large beaches, Its parish church of Gothic style is of special interest, as is the Zuloaga Museum, containing important works of art.

DEVA - DEBA

Deva has a large, open beach and a variety of hotels. Its parish church is of Gothic style.

MOTRICO - MUTRIKU

This town is located on the boundary with the province of Vizcaya and within its municipal limits is the very beautiful Saturraran beach. Motrico has one of the main fishing ports of Guipúzcoa.

THE SANCTUARY OF LOYOLA - LOIOLA

A highly recommended route for this excursion would be to travel along the coast to Zumaya and from there continue on to Loyola. The return route could be made via Regil and Tolosa. The Sanctuary was erected in the ancestral home of St. Ignatius of Loyola, the founder of the Society of Jesus.

OÑATE AND ARANZAZU - OÑATI AND ARANTZAZU

OÑATE is a historical city of exceptional artistic-monumental value, with its university, church and many towers and mansions. Nine kilometres from Oñate is the Sanctuary of Aranzazu, dedicated to the Patroness of Guipúzcoa. It is a building of daring architecture, located amidst a rural setting of rocks and stone.

UNE HISTOIRE BREVE

DANS un coin de la baie de la Concha, protégé des vents du Nord par le Mont Urgull, existait depuis longtemps un village de pêcheurs, embryon de la ville actuelle de Saint-Sébastien. Elle est également appelée Donostia. Elle ne fit pas l'objet d'une fondation à une époque précise, comme d'autres villes surgies de l'invasion romaine. Elle fit son entrée dans l'histoire, pour la première fois, au XIème siècle alors qu'un document de l'époque parlait d'Izurum en se référant à un établissement humain situé dans cette zone. Dans la seconde moitié du XIIème siècle le roi Sancho le Sage de Navarre accorde à la ville son «fuero» de repeuplement et lui donne alors le nom de Saint-Sébastien.

Les habitants vivent face à la mer et se rendent célèbres au Moyen-Age grâce à la chasse à la baleine et à la pêche à la morue poussant leurs courses jusqu'aux côtes du Groenland et de Terreneuve. Parallèlement à la pêche, un commerce prospère se développe dans la ville et sur ses quais de l'huile et du vin de Navarre sont embarqués à destination de la France, des Flandres, et de l'Angleterre. Ce commerce implique la construction de chantiers navals et de forges.

En raison de sa proximité de la frontière française, Saint-Sébastien est, pendant des siècles une ville fortifiée. Le mont Izurum, qui maintenant porte le nom de Urgull, se transforme en un château muni de canons pour la défense du territoire. La ville va subir les effets de la guerre en permanence et va être l'objet de nombreuses attaques aux XVII° et XVIII° siècles.

Saint-Sébastien a également subi les assauts des incendies et a été détruite en partie une douzaine de fois. En 1808, Saint-Sébastien fut occupée par les soldats de Napoléon, qui demeurèrent dans la ville jusqu'en 1813. Cette année-là, les troupes alliées anglo-portugaises entrèrent victorieusement dans la ville et, après avoir commis un certain nombre d'abus et de violences contre la population civile, mirent le feu aux bâtiments. La destruction fut presque totale, seule en réchappa la ligne située plus au nord et de ce fait les églises de Sainte-Marie et de Saint-Vincent.

Mais les «donostiarras» ne s'avouèrent pas vaincus. Réunis à Zubieta ils décident de reconstruire leur ville. C'est ainsi que prend jour une nouvelle «Parte Vieja» dont le centre est la Place de la Constitution où se trouve la Mairie.

DONOSTIA EN PAYS BASQUE

Le Pays Basque, ou Euskadi, se trouve situé sur l'axe du Golfe de Biscaye, à cheval entre le continent européen et la péninsule ibérique. Comme c'est le seul passage utilisable entre les Pyrénées et la mer, ce territoire a servi de chemin à différents peuples tout au long de l'histoire. Malgré tout il a réussi à conserver sa langue, ses traditions et coutumes, et en un mot, son identité.

Un autre facteur déterminant pour le développement de Saint-Sébastien, fut la démolition des murailles, en 1863. A partir de ce moment-là, la ville va s'étendre petit à petit à travers les terrains sablonneux environnants et se transformer en de nouveaux quartiers harmonieux.

En 1845 la reine Isabelle II arrive à Donostia pour prendre les bains et tenter de soigner une maladie de la peau. Sa présence impliqua pendant des années celle de la Cour, celle du Gouvernement et de l'aristocratie espagnols. Ceci provoqua une rapide capitalisation et, par conséquent le développement urbain et celui des services municipaux. Saint-Sébastien est le pionnier d'Espagne en ce qui concerne l'installation du tramway, de l'éclairage électrique des rues, du téléphone...

Le guide universel des loisirs considère Saint-Sébastien comme une station balnéaire de premier ordre, de la catégorie de Nice, Montecarlo ou Vichy. La guerre européenne marqua le zénith de ce qui fut appelé «Belle Epoque» et l'argent échappé d'un continent en feu et à sang commença à affluer à Saint-Sébastien, si proche de la frontière. La fin des combats apporta à la ville un air nouveau, avec un modèle de société beaucoup moins formel et protocolaire. De nouveaux élargissements se font pour faire place à une population croissante qui passe de 20.823 habitants en 1880 à 65.930 en 1925. L'histoire plus récente débute avec la guerre civile et s'écoule au milieu d'événements tels que l'industrialisation des environs de la ville ce qui provoque une forte pression démographique résolue du point de vue urbain d'une façon peu réussie en comparaison avec les époques antérieures. Aujourd'hui Saint-Sébastien regarde avec espoir vers le futur. Elle vise sur les beautés naturelles de son site, sur son infrastructure de services et sur la capacité de ses habitants pour obtenir le lancement définitif vers le développement économique et le progrès humain.

Le Pays Basque est un peuple avec une langue propre: l'euskara, antérieur à l'invasion indo-européenne, et qui a résisté aux attaques, d'abord du plus étendu des parlers indo-européens —le latin—, ensuite de deux de ses dérivés: le castillan et le français.

EVOCATION DE LA VILLE

Quatre montagnes de moyenne altitude protègent la ville des assauts de la mer: L'Igueldo, l'île de Santa Clara, l'Urgull et l'Ulia. Au sud, une autre ligne de montagnes de plus en plus hautes à mesure qu'elles s'éloignent vers l'horizon ferme le panorama. Au milieu, dans le peu d'espace plat restant, la ville de Donostia s'est harmonieusement développée. La forte pression démographique a rendu dernièrement obligatoire la construction de blocs de logements dans la périphérie, plusieurs d'entre eux étant échelonnés sur les flancs des collines.

Aujourd'hui une esplanade et un parc d'attractions sont installés au sommet du Mont Igueldo où il est recommandé de monter pour jouir des meilleurs panoramas sur la ville. Une grosse tour moderne remplaçant l'ancien phare le couronne. On accède au Mont Igueldo par deux routes qui le contournent et par un funiculaire inauguré en 1912.

L'île de Santa Clara joue le rôle de brise-lames naturel et fait que les eaux de la baie se maintiennent relativement calmes. Le phare, édifice blanc, est l'unique construction existante. En été l'île est un important centre de visite; on y accède au moyen d'un service d'embarcations qui part du port de plaisance.

C'est à l'ombre du mont Urgull qu'est née la ville primitive de Saint-Sébastien. Aujourd'hui Urgull est un parc municipal mais conserve soigneusement les caractéristiques de son château: pans de murailles, créneaux, batteries de canons, casemate... Un réseau de chemins conduisent au sommet où a été bâtie, une statue du Christ.

La dernière des montagnes, vers l'Ouest, est le Mont Ulia. Au début du siècle il possédait un parc d'attractions aujourd'hui disparu. A son sommet nous trouvons des installations de tir au pigeon, près de la «Peña del Ballenero» qui évoque des époques révolues où la vigie annonçait au port la présence imminente des cétacés, en allumant un feu.

L'Urumea divise la ville en deux parties. C'est un fleuve de courte longueur. Trois ponts monumentaux le traversent d'une rive à l'autre. Ce sont du Nord au Sud, le pont du Kursaal, le pont de Santa Catalina et celui de Maria Cristina. La vue panoramique du fleuve permet d'apprécier la qualité esthétique de l'urbanisme créé tout autour.

La baie de la Concha constitue le paysage typique de Saint-Sébastien. Les plages de la Concha et d'Ondarreta l'entourent, traçant une courbe douce et parfaite dont le périmètre, est de 1850 m. aux équinoxes quand la marée est basse. A une extrémité se trouve le port; à l'autre, la Promenade du Tennis et la sculpture «Le peigne du vent». D'une pointe à l'autre s'étend la Promenade de la Concha qui représente pour Saint-Sébastien la même puissance évocatrice que la Croisette pour Cannes ou la Promenade des Anglais pour Nice.

Le plus ancien quartier de la ville est appelé «Vieux Quartier» en raison de la seule comparaison avec d'autres zones de la ville puisque sa construction se fit à partir de l'incendie qui détruisit Saint-Sébastien en 1813. Les édifices sont d'une simplicité harmonieuse alignés en rues étroites et droites dont le centre est la Place de la Constitution. Les numéros peints sur les façades nous rappellent l'époque où la Place servait d'arènes et où on contemplait le spectacle des balcons et des gradins. Le «vieux quartier» est aujourd'hui un lieu de réunion public, un lieu de rencontre pour les «donostiarras» et les visiteurs qui à l'heure du crépuscule fréquentent ses nombreuses tavernes, bars, restaurants et sociétés gastronomiques en quête de distraction et de relations humaines.

Le port a perdu l'activité commerciale intense des siècles passés. Tout le trafic maritime de marchandises se concentre maintenant dans le port voisin de Pasajes. Les docks commerciaux abritent également aujourd'hui de nombreuses embarcations sportives qui par manque d'espace doivent également y mouiller. Quant au dock des pêcheurs, il abrite chaque jour moins de bateaux et par conséquent, le volume de la pêche. Quand les bateaux arrivent au port, leur déchargement représente un spectacle d'un intérêt particulier.

Les Sociétés populaires constituent un des éléments qui caractérisent la ville de Saint-Sébastien. Elles sont formées par des groupes d'amis qui se réunissent dans un local pour manger ou dîner ce qu'eux-mêmes préparent. Mais ils ne se réunissent pas seulement dans un but gastronomique. Ils ressentent le besoin de ce contact humain comme une manière d'échapper de temps en temps aux tensions quotidiennes. L'accès est interdit aux dames bien que cette interdiction ait tendance à disparaître. La viande, le poisson et les légumes s'achètent à l'extérieur. Mais les ingrédients et les boissons sont fournis par la cave de la Société et payés par le consommateur sans un contrôle strict basé seulement sur une mutuelle confiance qui ne fait jamais défaut. Plus d'une centaine de Sociétés existent dans Saint-Sébastien, la plupart d'entre elles étant situées dans le Vieux Quartier.

La place de Guipuzcoa est un parc qui se trouve au milieu de la ville tel une oasis de verdure. On peut y voir des espèces d'arbre rares comme des cerisiers japonais, des ormes, des magnolias et des palmiers. Le petit étang est le refuge d'une magnifique collection de canards et de cygnes.

UNE ANNEE AUX ACTIVITES VARIEES

Donostia est la capitale culturelle et touristique d'Euskadi. Ceci n'est pas un titre officiel mais il est indéniable que le calendrier varié des activités offertes exerce une attraction particulière sur les habitants du Pays Basque et des communautés voisines.

Le séjour d'un visiteur à Saint-Sébastien pourrait être qualifié de «vacances actives». En effet, peu de zones touristiques offrent un programme aussi complet et qui en outre s'étale tout au long de l'année.

Un calendrier des fêtes qui commence le 20 Janvier par les fêtes patronales. La veille, dans la soirée du 19, la coutume veut que l'on dîne dehors, soit au restaurant soit dans des Sociétés populaires, et qu'ensuite on se réunisse à la Place de la Constitution. Là, à minuit juste, on hisse les drapeaux pour célébrer l'inaguration de la fête populaire. Cette cérémonie, que préside le maire, a lieu au son de la musique populaire interprétée par la Tamborrada de Gaztelubide. Toute la nuit et le lendemain, trente-six «tamborradas» parcourent les rues de Saint-Sébastien. Le moment culminant de la fête est le départ de la «tamborrada» enfantine. 3.500 enfants groupés en quarante compagnies distinctes et vêtus d'uniformes militaires du XIXème siècle, défilent au son des mêmes rythmes créant un spectacle absolument remarquable.

La «tamborrada» marque le début de la période de Carnaval, qui continue au mois de Février, avec le défilé de deux mascarades: celle des «chaudronniers» et celle des «Iñudes et Artzaias». Tout atteint son apogée pendant le Carnaval donostiarra où, durant cinq jours, des mascarades pleines d'esprit, des chars, des musiciens et des fanfares animent

joyeusement la ville se mêlant aux donostiarras et aux étrangers déguisés, à cette occasion, de costumes variés.

Le printemps est l'époque de grands concerts musicaux qui se prolongent jusqu'au Solstice d'été, aux environs du 24 Juin, fête de la Saint-Jean. Le solstice est célébré au Pays Basque par des manifestations qui sont des réminiscences de rites païens. Le culte au Soleil en tant que divinité bienfaitrice, en l'honneur de laquelle des feux sont allumés dans tout le pays, bénéficie encore d'une vigueur formelle. Cette tradition a été christianisée et de là a surgi la Fête de l'arbre de Saint-Jean, célébrée sur la Place de la Constitution donostiarra dans l'après-midi du 24 Juin.

Après les Fêtes de San Fermin de Pampelune, au début de Juillet, se produit le grand boom de l'été donostiarra. Des fêtes variées se succèdent dans les rues et sur les places. La musique de jazz attire pendant le Festival, des jeunes venus de toute l'Europe. La période des courses commence et se prolongera jusqu'à l'automne. Les clubs de golf, de Tennis, le club nautique, le club hippique, et celui de tir, organisent des concours internationaux dans leurs respectives spécialités. L'été atteint son apogée avec la «Semana Grande» autour du 15 Août, avec un programme spectaculaire d'événements sportifs, musicaux et de festivités qui, chaque nuit, se termine par une session du Concours International de Feux d'Artifice.

Dans la seconde partie du mois d'Août, se célèbre la Quinzaine Musicale. Les ballets et orchestres les plus prestigieux animent la scène du Théâtre Victoria Eugenia et celles d'autres salles de la ville, composant ainsi un programme d'une qualité reconnue dans toute l'Europe.

Septembre est le mois des traditions et du folklore basques. Les régates de traînières rassemblent les deux premiers dimanches du mois des dizaines de milliers de personnes autour de la baie de la Concha. Dans les villages voisins les fêtes patronales offrent le spectacle des diverses formes des sports autochtones —pelote, coupeurs de troncs, leveurs de

pierres, etc.— qui furent pendant des siècles les loisirs de l'homme basque.

La saison estivale se clôture par l'événement culturel le plus relevant de l'année: le Festival International de Cinéma de Saint-Sébastien. Un festival de la qualité et de la catégorie de ceux de Berlin, Cannes, Venise ou Moscou.

Congrés et Foires Commerciales remplissent la saison d'automne. La Foire de la Saint-Thomas, le 21 Décembre annonce les fêtes de Noël. Sur la Place de la Constitution, est célébrée une exposition de produits agricoles et d'animaux. Sur d'autres places du vieux Quartier, sont installés des étalages de produits artisanaux et d'outils pour les champs ainsi que de vente de fromages, de vins de chacoli et du sandwich traditionnel de pain et «txistorra».

MONUMENTS ET EDIFICES

Saint-Sébastien compte de nombreux édifices de valeur historique et architectonique. Voici la liste des plus dignes de mention.

LE MUSEE DE SAN TELMO

L'actuel Musée de San Telmo fut fondé, comme un couvent de Dominicains, dans la première moitié du XVIème siècle (1530-1550), par le Secrétaire d'Etat de Charles V, Alonso de Idiaquez et son épouse Engracia de Olazabal.

Le cloître est de style Renaissance, composé de colonnes et d'arcs en plein cintre et d'une voûte de croisée d'ogives. La base de l'église est en forme de croix latine, s'élargissant en un transept à proximité du presbytérium. Pendant trois siècles, l'édifice servit de couvent-résidence aux Pères Dominicains. En 1836, il devint Caserne d'Artillerie. Enfin, au XXème siècle, il fut récupéré par la ville de Saint-Sébastien, et on l'aménagea en Musée Municipal. La Mairie acheta l'édifice en 1928, et chargea le peintre José Maria Sert de décorer les 590 mètres carrés de murs de ce qui avait été une église. Il y représenta des légendes et l'histoire du Pays Basque, parmi lesquelles figurent quelques importantes chansons de geste de l'homme du Guipuzcoa.

Le Musée offre une importante collection de stèles discoïdales et plusieurs salles sont destinées à l'archéologie et l'ethnographie basques et à la peinture traditionnelle, moderne et contemporaine.

LA BASILIQUE SAINTE-MARIE

Elle se trouve située près du flanc sud du Mont Urgull. Elle est considérée comme l'église-mère ou l'église primitive de Saint-Sébastien. En remplacement d'un temple antérieur, l'actuel fut commencé en 1743 et terminé en 1764. Il est de style baroque et a 64 mètres de long et 33 de large; sa hauteur est de 35 mètres au niveau de sa coupole centrale. Dans l'autel principal on vénère l'image de la Vierge del Coro, patronne de la ville.

L'EGLISE DE SAIN-VINCENT

Elle est considérée comme l'édifice le plus ancien de Saint-Sébastien. Elle fut construite dans la première moitié du XVIème siècle, de style gothique, mais sa tour resta inachevée. L'intérieur est sombre et très beau, couronné par un haut presbytérium que couvre un rétable de valeur, oeuvre d'Ambroise de Bengoechea et de Jean de Iriarte.

LA CATHEDRALE DU BON PASTEUR

Elle s'élève au milieu d'une vaste place. De style ogival, elle fut inaugurée en 1897, oeuvre de l'architecte Manuel de Echave. C'est la plus grande des églises. La base de l'édifice est régulière et symétrique et a une superficie de 1915 mètres carrés.

LA MAIRIE, ANCIEN CASINO

Après la fin de la seconde guerre carliste, Saint-Sébastien ébaucha une nette remontée économique. On pensa alors que la construction d'un Casino était fondamentale dans une ville qui commençait à se faire connaître parmi les stations balnéaires européennes.

La Mairie céda sept mille mètres carrés de terrain et avec la condition qu'«en aucun moment ils ne seraient destinés à un autre effet». La construction dura trois ans, et il fut inauguré le 1er Juillet 1887.

Le Casino joua à partir de là le rôle de moteur dans le développement de la ville. Par ses salons passèrent les politiciens, les écrivains, les financiers et les artistes les plus en vue.

Mais le casino, en même temps que centre de jeu et de divertissements, fut également la base du financement d'initiatives variées. C'est grâce à lui que fut possible la construction de la Nouvelle Promenade et du Parc Alderdi-Eder. Il fit aussi la renommée de l'hippodrome de Saint-Sébastien grâce à des prix millionnaires qui réunirent les meilleures écuries d'Europe.

L'interdiction du jeu en 1924 amena la fermeture des salles de jeu. Comme consequence ses activités récréatives ralentirent aussi. Le 20 Janvier 1947 la Mairie abandonna le bâtiment de la Place de la Constitution et s'installa dans celui du Casino où se trouve encore l'Hôtel de Ville de Saint-Sébastien.

LE THEATRE VICTORIA EUGENIA

Le Théâtre Victoria Eugenia fut inauguré en 1912 en présence des Souverains. Comme d'autres importants théâtres d'Europe, le théâtre Victoria Eugenia a un plancher d'orchestre basculant qui peut, si nécessaire, s'élever à hauteur de la scène. Cela permet la célébration de fêtes et de bals une fois que les fauteuils ont été retirés. En 1922 le théâtre fut réformé, particulièrement les balcons et le parterre.

Saint-Sébastien était, au début du siècle, une station touristique de renommée mondiale. Par conséquent, sur la scène de son théâtre, se produisirent les plus grands noms de la musique.

Après la guerre civile c'est pendant la Quinzaine Musicale donostiarra que sont offerts les meilleurs spectacles. Le théâtre Victoria Eugenia est aussi le Palais du Festival de Cinéma, de manière permanente et continue depuis ses débuts en 1953.

Le théâtre Victoria Eugenia passa aux mains de la Mairie en 1983. En 1985, commencèrent des travaux complets de restauration de la façade et de l'intérieur qui permirent sa ré-ouverture la même année.

LE PALAIS ET LE PARC DE MIRAMAR

Dans une première étape (1887 à 1893) et pendant qu'on construisait le Palais de Miramar, la Reine Marie-Christine se logea dans la propriété, d'Ayete, dont les propriétaires étaient les ducs de Bailen. Le Palais de Miramar fut inauguré le 19 Juillet 1893. Son style est celui d'un cottage anglais Reine Anne. Quant aux jardins du parc qui entourent le Palais, ils furent dessinés par le donostiarra Pierre Ducasse. Le Palais fut construit intégralement sous le financement particulier de la Reine Régente qui ne voulait pas que celui-ci soit à la charge du peuple qui la recevait si bien chaque été.

A partir du décès de la Reine Marie-Christine, en 1929, l'ensemble connut une décadence progressive. En 1971 la Mairie acheta la propriété et convertit les jardins en Parc Municipal, ouvert au public, laissant le Palais pour l'organisation de réceptions et d'activités culturelles.

La superficie totale de la propriété est actuellement de 34.136 mètres carrés et celle du Palais, avec le sous-sol et les trois étages, de 5.600 mètres.

LE PALAIS ET LE PARC D'AYETE

Le Palais d'Ayete fut construit par les Ducs de Bailen en 1878, sur des terrains de la ferme Ayete. Dans le Palais vécurent, à une première époque, les personnalités les plus célèbres de l'aristocratie et de la politique. Sur une colonne située en face de la porte du Palais on peut lire l'inscription des années où Alphonse XII et la Reine Marie-Christine y logèrent: 1887, 1888, 1889, 1890, 1891, 1892 et 1893. Cette année-là ils s'installèrent au Palais de Miramar.

Le Palais d'Ayete était, comme celui de Miramar, l'édifice particulier le plus célèbre de la ville. Il était entouré de 74.400 mètres carrés de jardins, où se trouvaient des garages, des écuries, des jardins d'hiver, un château d'eau, des pavillons pour les domestiques et deux chapelles.

En 1939, la Mairie de Saint-Sébastien décida de l'acquisition du Palais pour l'offrir au chef de l'Etat. Ayete fut résidence du Général Franco de 1940 à 1975, servant de siège en été pour la célébration des Conseils des Ministres du Gouvernement Espagnol à cette époque.

Le 20 Juillet 1977 ses jardins furent ouverts au public. En été 1985, on effectua des travaux et on l'aménagea en lieu de réception et de résidence réservée à d'illustres visiteurs.

La base de l'édifice mesure 25 mètres sur 12 et est de style néo-classique bien qu'il ait subi à l'extérieur de nombreuses modifications au cours des années.

LE PALAIS DE LA MER - AQUARIUM

Le bâtiment appelé «Palais de la Mer», connu populairement comme Aquarium, fut inauguré en 1928. Il est situé au pied du Mont Urgull à la fin du port et près du Paseo Nuevo. Sa situation en bord de mer, le rend visible de tous les points qui entourent la belle baie de Donostia.

Son intérieur est composé de trois étages où se situent trois sections ou expositions principales: le rez-de-chaussée-Aquarium, dans lequel on peut admirer de nombreuses espèces de la faune marine du littoral. Le premier étage-Musée Océanographique, contenant des sections de coquillages, de poissons, d'oiseaux, d'algues, de crustacés, de coraux et d'autres collections de créatures marines. Le second étage-Musée Naval, qui repasse l'Histoire Navale locale, distribuée en quatre sections principales dédiées à la Pêche, à la Construction Navale, aux Ports et au Commerce Maritime, à la Cartographie, à la Science Nautique, à l'Ethnographie et à la biographie de marins illustres.

GASTRONOMIE DONOSTIARRA

La gastronomie basque, une des plus variées et complètes du monde a comme grande spécialité: le poisson, avec une diversité très grande d'espèces préparées de mille formes différentes. Cette cuisine se caractérise par sa variété, face à l'uniformité culinaire qui a envahi l'Europe.

Les spécialités les plus caractéristiques sont la daurade à la donostia-rra, le merlus à la basque ou en sauce verte, qui est décoré avec des asperges, des clovisses, et du persil, le «shangurro» ou gros crabe, les chipirons à l'encre, les «kokotxas», les angulas, et les différentes formes de préparer la morue.

Pour accompagner ces plats, la province de Guipuzcoa produit un excellent vin blanc, appelé chacoli, au goût légérement aigre, qui est cultivé principalement à Guetaria.

Nous pouvons affirmer que Saint-Sébastien est le centre de la gastro-nomie du Pays Basque. Des restaurants comme «Arzak», «Akelarre», ou «Nicolasa» figurent avec les plus importantes qualifications dans les gui-des gastronomiques les plus prestigieux.

Il existe des douzaines d'établissements de haute qualité dans toute la ville bien que la plus grande partie soit concentrée dans le Vieux Quartier.

L'HIPPODROME DE SAINT-SEBASTIEN

Pendant la Grande Guerre de 1914, la France avait placé toutes ses ressources économiques et humaines dans la lutte. Le «premier», Clé-menceau interdit les courses de chevaux, les considérant comme un af-front aux consignes d'austérité dictées pendant la guerre. Ce fut alors que Georges Marquet, un homme en relation avec le Casino de Saint-Sé-bastien, considéra que le moment était venu pour la ville, offrant des pur-sang et des écuries françaises, l'occasion de faire ici des compéti-tions. Mais pour cela il fallait procéder de toute urgence à la construction d'un hippodrome.

L'initiative rencontra un parfait écho dans la Mairie, qui mit à dispo-sition des promoteurs un terrain boisé situé dans le quartier donostiarra de Zubieta. Les travaux se firent en neuf mois et demi.

L'hippodrome municipal de Saint-Sébastien fut inauguré le 2 Juillet 1916 en présence du roi Alphonse XIII et de tous les membres de sa Cour et des ministres du Gouvernement.

La fin de la Grande Guerre, fit retourner en Europe toutes les gran-des écuries. Mais Saint-Sébastien ne se résigna pas à ce que ses courses de chevaux perdent leur catégorie internationale. En 1922 on annonça un prix de 500.000 pesetas, un des prix les mieux dotés du monde et équivalent à plus d'un demi-million de dollars actuels. Le succès de cette course amena, l'année suivante, la présence des légendaires couleurs du Prince Aga Khan. Son début fut des plus chanceux puisqu'il remporta avec "Niceas" le grand Prix en 1923.

A partir de cette date, et pendant soixante jours consécutifs, l'Hippo-drome de Donostia-Saint-Sébastien organisa —avec Madrid, en hiver— les seules courses de chevaux espagnoles. L'intérêt du public était très grand à cette époque.

Dans les dernières années, la Mairie de Donostia-Saint-Sébastien a entrepris une nette politique d'appui à son Hippodrome municipal. On a construit de nouvelles tribunes et davantage de boxes pour les chevaux. On a aussi amélioré les installations complémentaires. Enfin, on a entre-pris la réforme des pistes jusqu'à les doter de tous les éléments nécessai-res pour un parfait fonctionnement des courses.

Saint-Sébastien compte donc deux saisons de courses: la période tra-ditionnelle d'été chaque année plus importante et la saison d'hiver, qui commença en 1986 pour la première fois.

LES ENVIRONS DE SAINT-SEBASTIEN

Le littoral de Guipuzcoa —province dont Saint-Sébastien est la capitale— s'étend tout au long de 60 kilomètres de rochers et de plages de sable fin, avec une série de petits villages de pêcheurs qui ont su conserver, au fil du temps, leur physionomie originale.

Voici les villages qui méritent une visite.

FUENTERRABIA - HONDARRIBIA

Elle conserve une partie de la muraille qui défendit la ville des attaques dont elle a été l'objet au cours des siècles, ainsi que le Château de Charles V, transformé en Parador National, et le château de San Telmo, datant du XVIème siècle, édifié pour se protéger des incursions des pirates. Une vaste plage à l'embouchure de la Bidassoa, avec une grande capacité de logement.

PASAJES - PASAIA

Chacun des trois Pasajes a son propre caractère: Pasajes Ancho, avec son port commercial, est un des plus importants d'Espagne; Pasajes de San Pedro, où réside une importante flotte de pêche, et Pasajes de San Juan, avec son unique et étroite rue qui s'étend souvent sous les maisons. Pasajes de San Juan est un village curieux qui offre au touriste un intérêt particulier.

ORIO

Situé à 20 kms. de Saint-Sébastien, Orio est un petit village de pêcheurs avec une plage qui se trouve entre la ria et la montagne.

ZARAUZ - ZARAUTZ

Ville au grand essor touristique; on y a construit dernièrement d'importantes urbanisations avec un grand nombre d'appartements. Ses monuments d'intérêt sont: La Tour Lucea, Le Palais de Narros, et l'Eglise paroissiale.

Elle possède une grande plage à laquelle les jardins et villas ont accès. Elle dispose aussi d'un terrain de golf.

GUETARIA - GETARIA

A 30 kms. de Saint-Sébastien, à Guetaria, est né Elcano, premier navigateur qui fit le tour du monde. L'Eglise de San Salvador, du XIVème siècle, est un des pôles d'intérêt offerts par cette ville considérée comme une des plus belles de la côte Cantabrique.

ZUMAYA - ZUMAIA

C'est une station balnéaire qui possède deux grandes plages. Son église paroissiale, de style gothique, et le Musée de Zuloaga, contenant d'importantes oeuvres d'art sont tout à fait remarquables.

DEVA - DEBA

Elle possède une grande plage ouverte, ainsi que de nombreux hôtels. Son église paroissiale est de style gothique.

MOTRICO - MUTRIKU

Elle se trouve à la limite de la province de Biscaye. Dans ses limites municipales se trouve la plage de Saturraran, d'une grande beauté. C'est un des principaux ports de pêche de Guipuzcoa.

LE SANCTUAIRE DE LOYOLA

Un itinéraire recommandé pour cette excursion consiste à aller par la côte jusqu'à Zumaya, et de là, se diriger à Loyola. Le retour peut se faire par Regil et Tolosa. Le Sanctuaire est placé dans la maison natale de Saint Ignace de Loyola, fondateur de la Compagnie de Jesus.

OÑATE ET ARANZAZU - OÑATI ET ARANTZAZU

Oñate est une ville historique d'une extraordinaire valeur artistique et monumentale, grâce à son université, son église et ses nombreuses tours et maisons seigneuriales. A neuf kilomètres d'Oñate se trouve le sanctuaire d'Aranzazu, dédié à la patronne de Guipuzcoa. C'est un bâtiment à l'architecture audacieuse, situé dans un paysage agreste de pierre et de rochers.

EIN KURZER GESCHICHTLICHER ÜBERBLICK

IN einem Winkel der «Bahía de la Concha» —der Muschelbucht—, der durch den Berg Urgull von den Nordwinden abgeschirmt war, bestand seit alter Zeit ein Fischerdorf, aus dem sich die heutige Stadt San Sebastián entwickelte. Ihr Name ist auch Donostia. Der Zeitpunkt ihrer Gründung ist nicht genau festzulegen, wie es bei anderen, während der römischen Invasion entstandenen Städten der Fall ist. Ihre eigentliche Geschichte beginnt im 11. Jht., nämlich mit einer Urkunde, die eine hier gelegene Siedlung namens Izurum erwähnt. In der zweiten Hälfte des 12. Jahrhunderts verlieh König Sancho der Weise von Navarra dem Städtchen die innerhalb der Wiederbevölkerungspolitik vorgesehenen Sonderrechte und nannte es bereits San Sebastián.

Die Einwohner lebten in enger Beziehung zum Meer und machten sich im Mittelalter einen Namen als Walfisch- und Kabeljaufänger, wobei sie bis an die Küsten Grönlands und Neufundlands vordrangen. Gleichzeitig entwickelte sich in der Stadt ein blühender Seehandel; im Hafen wurden Öl und Wein aus Navarra nach Frankreich, Flandern und England verschifft; als Folge davon entstanden an den Ufern des Urumea Werften und Schmiedewerkstätten.

In Anbetracht der nahegelegenen französischen Grenze war San Sebastián jahrhundertelang mit Wehranlagen versehen. Der Berg Izurum, nunmehr Urgull genannt, wurde zur Festung ausgebaut, die das gesamte Territorium verteidigte. Die Stadt sah sich fast ununterbrochen in kriegerische Ereignisse verwickelt und wurde im 17. und 18. Jht. mehrfach belagert.

Zwölfmal wurde San Sebastián unter Beschuss genommen und teilweise zerstört. Im Jahr 1808 erfolgte ihre Besetzung durch die Soldaten Napoleons, die bis 1813 anhielt. Zu dem Zeitpunkt zogen die alliierten anglo-portugiesischen Truppen siegreich in die Stadt ein; dabei kam es zu Misshandlungen und Gewalttätigkeiten gegenüber der zivilen Bevölkerung und schliesslich wurden die Gebäude in Brand gesetzt. Der grösste Teil der Stadt wurde damals zerstört, allein der nördliche Sektor und damit die Kirchen Santa María und San Vicente blieben von der Feuersbrunst verschont.

Aber die «donostiarras», die Einwohner Donostias, gaben sich nicht geschlagen. Auf einer Versammlung in Zubieta beschlossen sie den Wiederaufbau ihrer Stadt. So entstand die neue «Altstadt», deren Mittelpunkt die «Plaza de la Constitución» bildet, an der das Rathaus liegt.

Ausschlaggebend für das Wachstum der Stadt war der 1863 erfolgte Abbruch der Wehrmauern. Von da an breitete sich die Stadt in neuen, harmonisch angelegten Vierteln am Seeufer aus.

Im Jahr 1845 wurde Donostia von der spanischen Königin Isabel II besucht, die hier durch Meereswasserkuren eine Linderung ihres Hautleidens fand. Die Königin setzte diese Besuche auch in den folgenden Jahren fort, und mit ihr erschienen die Mitglieder des Hofes, die Regierung und der Hochadel. In kürzester Zeit gedieh San Sebastián also zum Regierungssitz, wodurch Städtebau und Dienstleistungswesen einen erheblichen Aufschwung erfuhren. San Sebastián führte als erste Stadt Spaniens die Strassenbahn, elektrische Strassenbeleuchtung und Fernsprecher ein.

Im internationalen Reiseführer wurde San Sebastián zugleich mit Nizza, Montecarlo und Vichy als Kurort ersten Ranges aufgeführt. Die Zeit des Ersten Weltkriegs bedeutete den Höhepunkt der sogenannten «Belle Epoque» für die so nahe an der französischen Grenze gelegene Stadt, in der sich all das Geld ansammelte, das aus dem in Flammen aufgehenden Kontinent gerettet werden konnte. Das Ende des Weltkriegs wurde für San Sebastián zum Beginn einer neuen Zeit, es entstand eine neue, weit weniger förmliche und protokollarische Gesellschaft. Neue Stadtteile wurden errichtet für eine Bevölkerung, deren Zahl sich von 20823 im Jahr 1880 auf 65930 im Jahr 1925 gesteigert hatte.

Die jüngste Geschichte, die mit dem Bürgerkrieg begann, brachte die Industrialisierung der Aussenbezirke der Stadt mit sich: der sich daraus ergebende Bevölkerungszuwachs wurde in städtebaulicher Hinsicht nicht so geschickt bewältigt wie in vorhergehenden Epochen.

Heute blickt San Sebastián zuversichtlich in die Zukunft. Die wunderschöne landschaftliche Umgebung, die Infrastruktur des Dienstleistungswesens und die Arbeitskraft ihrer Einwohner bilden den besten Ausgangspunkt für wirtschaftliche Entwicklung und menschlichen Fortschritt.

DONOSTIA IM BASKENLAND

Das Baskenland —Euskadi in der Landessprache— liegt am Scheitelpunkt des Golfs von Biskaya, am Übergang vom Europäischen Kontinent zur Iberischen Halbinsel. Hier verlief der einzige begehbare Weg zwischen den Pyrenäen und dem Meer, so dass diese Gegend im Lauf der Geschichte von den verschiedensten Völkern durchquert wurde. Nichtsdestoweniger gelang es der einheimischen Bevölkerung, ihre Sprache, ihre Sitten und Gebräuche, kurz gesagt, ihre Eigenheit zu bewahren.

Die Basken haben ihre eigene Sprache, das «euskara», das schon vor dem indoeuropäischen Eindringen bestand und sich im Lauf der Zeiten gegen den Ansturm sowohl der verbreitetsten der indoeuropäischen Sprachen, nämlich des Lateinischen als auch dessen romanischer Abwandlungen, d.h., der kastilischen und der französischen Sprache behaupten konnte.

EINE BETRACHTUNG DER STADT

Vier Berge mittlerer Höhe schirmen die Stadt gegen das Meer ab: Igueldo die Insel Santa Clara, Urgull und Ulía. Den Abschluss nach Süden hin bildet ebenfalls eine Bergkette, deren Erhebungen zum Horizont hin immer höher werden. Auf dem dazwischen gelegenen flachen Land entwickelte sich, harmonisch in die Umgebung gefügt, die Stadt Donostia. Der Bevölkerungszuwachs der letzten Jahre machte den Bau von Wohnblöcken notwendig, die zum Teil stufenförmig auf den Hügeln errichtet wurden.

Auf dem Berg Igueldo wurde eine Esplanade sowie ein Vergnügungspark angelegt, ein obligatorisches Besucherziel, von dem aus man die schönste Aussicht über die Stadt geniesst. Den Gipfel nimmt ein Turm moderner Bauweise ein, der an Stelle des alten Leuchtturms errichtet wurde. Zum Berg Igueldo gelangt man über zwei Landstrassen sowie eine im Jahr 1912 angelegte Zahnradbahn.

Die Insel Santa Clara sorgt als natürlicher Wellenbrecher dafür, dass das Meer innerhalb der Bucht verhältnismässig ruhig bleibt. Der weisse Leuchtturm ist ihr einziges Gebäude. Zur Sommerzeit wird die Insel zum beliebten Ausflugsziel, das per Boot vom Jachthafen aus zu erreichen ist.

Im Schutz des Berges Urgull lag das ursprüngliche Städtchen San Sebastián. Heute besteht hier ein Stadtpark, in dem Überreste seiner Burg, nämlich Mauerabschnitte, Schiessscharten, Geschützstände und Kasematten mit Sorgfalt gepflegt und erhalten werden. Verschiedene Wege führen bis zum Gipfel, auf dem eine Christusstatue errichtet wurde.

In westlicher Richtung bildet der Ulía den Abschluss dieser Bergkette. Zu Beginn unseres Jahrhunderts wurde hier ein Vergnügungspark angelegt, der heute nicht mehr besteht. Auf der Höhe befindet sich ein Tellerschiesstand, und ganz in der Nähe die «Peña del Ballenero», der Walfischfänger-Felsen, der an frühere Zeiten erinnert, als nämlich von hier aus dem Hafen durch Feuersignale das Auftauchen von Walfischen bekannt gegeben wurde.

Mitten durch die Stadt zieht sich der kurze Flusslauf des Urumea. Die beiden Stadthälften sind durch drei wuchtige Brücken namens Kursaal, Santa Catalina und María Cristina miteinander verbunden. Vom Fluss aus lässt sich die harmonische Anlage der Stadt besonders gut erkennen.

Das landschaftliche Wahrzeichen San Sebastián ist die «Bahía de la Concha», die Muschelbucht; sie wird von zwei Stränden, nämlich La Concha und Ondarreta eingefasst, die in einer sanften Kurve verlaufen, deren Länge zur Tagundnachtgleiche bei Ebbe 1850 m misst. Den Abschluss der Bucht bildet an einem Ende der Hafen, am anderen die «Tennis»-Promenade mit einer «Windkamm» genannten Skulptur. Beide Endpunkte sind durch «Paseo de la Concha» verbunden, der für San Sebastián dieselbe Bedeutung besitzt wie die Croisette für Cannes oder die Promenade des Anglais für Nizza.

«Parte Vieja» wird der älteste Stadtteil genannt; alt ist er eigentlich nur im Vergleich zu den übrigen Vierteln, denn er entstand im Anschluss an die Feuersbrunst, die San Sebastián im Jahr 1813 zerstörte. Seine schlichten Gebäude reihen sich in gefälligem Gleichmass an engen, geraden Strassen aneinander, deren Mittelpunkt die Plaza de la Constitución bildet. Die auf die Fassaden gemalten Nummern erinnern an frühere Zeiten, als auf diesem Platz Stierkämpfe stattfanden und die Zuschauer auf Tribünen und Balkonen untergebracht wurden. Der Alte Stadtteil hat sich zu einer Art Versammlungsplatz der Einwohnerschaft, zum Treffpunkt von «donostiarras» und Besuchern entwickelt, die in den Abendstunden in den zahlreichen Tavernen, Bars, Restaurants und gastronomischen Vereinen Entspannung und Geselligkeit suchen.

Im Hafen von San Sebastián ist vom regen Handelsverkehr vergangener Jahrhunderte nichts mehr zu spüren. Handelshafen ist heutzutage das nahegelegene Pasajes, während San Sebastián als Sport- und Jachthafen dient; zahlreiche Jachten und Boote müssen aus Platzmangel in der Bucht ankern. Im Fischerhafen geht die Zahl der Schiffe und damit auch der Umfang des Fischfangs ständig zurück. Ankunft und Entladen der Flotte ist jedoch immer noch ein sehenswertes Ereignis.

Die sogenannten «Sociedades populares» bilden einen charakteristischen Bestandteil der Stadt. Es handelt sich dabei um Vereine oder Freundeskreise, die in ihren jeweiligen Vereinslokalen Mittags- oder Abendessen selbst zubereiten und gemeinsam verzehren. Diese Vereinigungen dienen aber nicht allein gastronomischen Zwecken; sie fördern menschliche Kontakte und bieten einen Ausgleich zum alltäglichen Stress. Frauen ist der Zutritt nicht erlaubt, wenngleich diese Regel in der Praxis allmählich in Vergessenheit gerät. Fleisch, Fisch und Gemüse werden ausserhalb gekauft, alle übrigen Zutaten und die Getränke werden ohne Kontrolle und allein auf der unfehlbaren Basis gegenseitigen Vertrauens aus dem Keller des Vereinslokals geholt und bezahlt. In San Sebastián gibt es über hundert dieser Vereinigungen und viele davon haben ihren Sitz in der Altstadt.

Die Plaza de Guipúzcoa erscheint wie eine Oase mitten in der Stadt. Hier wurden japanische Kirschbäume, Ulmen, Magnolien und Palmen angepflanzt. In einem kleinen Teich wird eine hübsche Sammlung von Enten und Schwänen gehalten.

FESTE UND KULTURELLE EREIGNISSE

Donostia ist die kulturelle und touristische Hauptstadt Euskadis; zwar ist dieser Titel nicht amtlich beglaubigt, aber in der Praxis übt ihr Fest- und Kulturprogramm eine beträchtliche Anziehungskraft auf die übrigen Bewohner des Baskenlandes wie auch auf die der benachbarten Regionen aus.

Ein Aufenthalt in San Sebastián kann zu einem sehr abwechslungsreichen Urlaub werden. Nur wenige Fremdenverkehrszonen verfügen über ein so reichhaltiges Programm, das sich zuden über das ganze Jahr hinzieht.

Den Auftakt bildet das Fest des Schutzheiligen am 20. Januar. Am Vorabend geht man ausserhalb essen, entweder in Restaurants oder in einem der Vereine; anschliessend versammelt sich die Einwohnerschaft auf der Plaza de la Constitución, wo pünktlich um Mitternacht die Fahnen gehisst werden, womit das eigentliche Volksfest beginnt. Dieser Festakt findet unter dem Vorsitz des Bürgermeisters statt; dazu spielt die «Tamborrada», ein Trommlerzug aus Gaztelubide, volkstümliche Weisen. In dieser Nacht und auch den ganzen folgenden Tag über ziehen sechsunddreissig Trommlerzüge durch die Strassen San Sebastiáns. Den Höhepunkt des Festes bildet ein prächtiges Schauspiel, nämlich der Trommlerumzug der Kinder, bei dem 3500, in vierzig Gruppen aufgeteilte und in Uniformen des 19. Jhts. gekleidete Kinder zum Klang darselben Rhythmen durch die Strassen marschieren.

Im Februar beginnt der Karneval ebenfalls mit einem Trommlerumzug, dem zwei Karnevalsgruppen, die «Caldereros» und die «Iñudes y Artzaias» folgen. Fünf Tage lang ziehen dann lustige Karnevalstrupps, Karossen und Musikkapellen durch die Strassen Donostias, und mit ihnen Einwohner und Besucher der Stadt in ihren bunten Maskenkostümen.

Im Frühling beginnt die Konzertsaison, die zur Sommersonnenwende, in den Tagen um das Johannisfest (24. Juni) fortgesetzt wird. Die Sonnenwendfeiern im Baskenland gehen auf alte heidnische Bräuche zurück, als der wohltätigen Gottheit Sonne zu Ehren im ganzen Land Feuer entzündet wurden. Aus dieser Tradition wurde nach der Bekehrung des Landes zum Christentum das Fest des Johannisbaums, das am Abend des 24. Juni auf der Plaza de la Constitución stattfindet.

Im Anschluss an das San-Fermin-Fest in Pamplona, Anfang Juli, beginnen auch in San Sebastián die Veranstaltungen der Sommerzeit. Auf den Strassen und Plätzen der Stadt finden Feste jeglicher Art statt. Zum Jazz-Festival trifft sich hier die Jugend Europas. Jetzt beginnt auch die Saison der Pferderennen, die bis zum Herbst dauert. Golf-, Tennis-, Wassersport-, Reit-, und Schiessklubs veranstalten internationale Wettkämpfe. Den Höhepunkt der sommerlichen Ereignisse bildet die «Grosse Woche» Donostias, die in den Tagen um den 15. August stattfindet; zu ihrem Programm gehören Sportveranstaltungen, Festakte und Konzerte, deren Abschluss allabendlich ein internationaler Feuerwerkswettbewerb bildet.

In der zweiten Augusthälfte werden die Musikwochen veranstaltet; unter Mitwirkung der bekanntesten Orchester und Ballet-Ensembles finden im Theater Victoria Eugenia und in anderen Sälen Konzerte und Aufführungen statt, deren Niveau europäische Anerkennung gefunden hat.

Der Monat September wird in erster Linie den baskischen Traditionen und der Folklore gewidmet. An den zwei ersten Sonntagen ziehen die Bootsregatten in der Muschelbucht Zehntausende von Besuchern an. In den benachbarten Dörfern werden aus Anlass der jeweiligen Feste zu Ehren der Schutzheiligen die verschiedenen einheimischen Sportarten vorgeführt —baskisches Ballspiel, Baumstammhacken, Steinheben usw—, die den Basken jahrhundertelang als Freizeitbeschäftigung gedient haben.

Der Sommer endet mit dem kulturellen und festlichen Höhepunkt des Jahres, den Internationalen Filmfestspielen von San Sebastián, die sich in Rang und Qualität durchaus mit denen von Berlín, Cannes, Venedig und Moskau messen können.

Im Herbst werden verschiedene Kongresse und Messen veranstaltet. Den Auftakt zum Weihnachtsfest bildet ein Jahrmarkt, die sogenannte Feria de Santo Tomás, am 21. Dezember. Auf der Plaza de la Constitución findet eine Ausstellung von Nutzvieh und landwirtschaftlichen Erzeugnissen statt. Auf anderen Plätzen der Altstadt werden handwerkliche Erzeugnisse und Landwirtschaftsgeräte ausgestellt, sowie Käse, «chacolí» (Landwein) und die traditionellen Brötchen mit «txistorra», einer typischen Wurstart, verkauft.

SEHENSWÜRDIGKEITEN

San Sebastián verfügt über etliche Gebäude von architektonischer oder historischer Bedeutung, von denen in der Folge die wichtigsten aufgeführt werden.

SAN-TELMO-MUSEUM

Das Museum ist ein ehemaliges Dominikanerkloster, das in der ersten Hälfte des 16. Jhds. (1530-1550) von einem Staatssekretär Karls V., Alonso de Idiaquez und seiner Gemahlin, Engracia de Olazabal gegründet wurde.

Der Kreuzgang im Renaissancestil ist mit Säulen, Rundbögen und Kreuzgewölben ausgestattet. Die Kirchen hat den Grundriss eines lateinischen Kreuzes mit einer querschiffartigen Verbreiterung in der Nähe des Altarraums.

Drei Jahrhunderte lang diente das Gebäude den Dominikanern als Kloster und Wohnsitz. Im Jahr 1836 wurde daraus eine Artilleriekaserne. Im 20. Jhd. ging das Gebäude in den Besitz der Stadt über und wurde als Städtisches Museum eingerichtet. Die Stadtverwaltung, die das alte Kloster 1928 erwarb, beauftragte den Maler José María Sert mit der Dekoration der 590 Quadratmeter grossen Wandflächen der ehemaligen Klosterkirche, auf denen man heute Szenen aus den Sagen und der Geschichte des Baskenlandes, darunter auch von ruhmreichen Taten der Männer Guipúzcoas abgebildet sieht.

Das Museum enthält eine wertvolle Sammlung von runden Grabsteinen sowie mehrere Säle, die archäologischen Funden, baskischer Ethnologie und traditioneller, moderner und zeitgenössischer Malerei gewidmet sind.

BASILIKA SANTA MARIA

Sie liegt am Südhang des Berges Urgull und gilt als Stammkirche San Sebastiáns,. Sie entstand an der Stelle eines älteren Gotteshauses in den Jahren zwischen 1743 und 1764. Es handelt sich um einen Bau im Barockstil von 64 m Länge und 33 m Breite mit einer Kuppel von 35 m Höhe. Der Hochaltar ist der Schutzheiligen der Stadt, der «Virgen del Coro» geweiht.

KIRCHE SAN VICENTE

Diese Kirche ist das älteste Gebäude der Stadt. Sie wurde in der ersten Hälfte des 16. Jhds. in gotischem Stil errichtet; der Turm wurde nicht vollendet. Das dunkle, wunderschöne Kirchenschiff wird von einem hochgelegenen Chrorraum beherrscht; das Retabel ist ein Meisterwerk von Ambrosio de Bengoechea und Juan de Iriarte.

DIE KATHEDRALE «DEL BUEN PASTOR»

Der im Mittelpunkt eines grossen Platzes gelegene Bau im neugotischen Stil, ein Werk des Architekten Manuel de Echave, wurde im Jahr 1897 eingeweiht. Dies ist die grösste Kirche der Stadt; ihr Grundriss ist regelmässig und symmetrisch und umfasst eine Fläche von 1915 Quadratmetern.

DAS RATHAUS UND EHEMALIGE KASINO

Nach Ende des Zweiten Karlistenkriegs erlebte San Sebastián einen bemerkenswerten wirtschaftlichen Aufschwung. Als die Stadt sich dann zu einem der grossen Badeorte Europas zu entwickeln begann, hielt man die Errichtung eines Spielkasinos für unerlässlich.

Die Stadtverwaltung stellte demzufolge siebentausend Quadratmeter Gelände zur Verfügung, mit der Bedingung, dass «es niemals einem anderen Zweck als dem Betrieb eines Spielkasinos dienen solle». Der Bau wurde drei Jahre später, am 1. Juli 1887 eingeweiht.

In den folgenden Jahren leistete das Kasino einen entscheidenden Beitrag zur Entwicklung San Sebastiáns. Seine Säle wurden von führenden Politikern, Schriftstellern, Finanziers und Künstlern aufgesucht.

Das Kasino diente jedoch nicht allein dem Spiel und der Unterhaltung. Von hier aus wurden die verschiedensten Unternehmungen finanziert, so zum Beispiel die Anlage des Paseo Nuevo und des Alderdi-Eder-Parks. Ihm verdankt auch das Hippodrom von San Sebastián seine Ber-

La tamborrada marca l'inizio del periodo di Carnevale, che continua nel mese di febbraio con due mascherate: quella di «Caldereros» e quella di «Iñudes e Artzaias», culminando tutto nel Carnevale donostiarra dove, durante cinque giorni, ingegnose comparse, carri, musicisti e fanfare rallegrano le vie unendosi ad essi anche i donositarras ed i forestieri indossando variopinte maschere.

La primavera è l'epoca dei grandi concerti musicali che si prolunga fino al solstizio estivo, verso il 24 Giugno festa di San Giovanni. Il solstizio si celebra nel Paese Basco, con atti che sono reminiscenza dei riti pagani. Il culto al Sole come divinità benefica, in suo onore si accendevano grandi falò in tutto il Paese, è tuttavia vigente. Cristianizzando la tradizione, è nata la festa dell'albero di San Giovanni, che viene celebrata nel pomeriggio del 24 Giugno nella Piazza della Costituzione.

Con le feste di «sanfermines» a Pamplona ai primi di Luglio, staglia l'estate a San Sebastiàn. Una varietà di feste si susseguono nelle vie e piazze. Il Festival di Jazz attrae i giovani di tutta Europa. Inizia anche la stagione delle carriere di cavalli che si prolunga fino ad autunno. I club del Tennis, Golf, Nàutico, Ippico, e di Tiro, organizzano concorsi internazionali nelle loro rispettive modalità. L'estate raggiunge l'apice verso il 15 Agosto, con la Settimana Grande donostiarra, con uno spettacoloso programma di avvenimenti sportivi, festivi e musicali che si chiudono ogni notte con il Concorso Internazionale di Fuochi Artificiali.

Nella seconda metà di Agosto si celebra il Quindicinale Musicale. Le più prestigiose orchestre e balletti attuano nel Teatro Victoria Eugenia ed in altri auditori della città, in un programma di qualità e prestigio riconosciuti in Europa.

Settembre è il mese delle tradizioni e del folclore basco. Le regate di barche da pesca che si svolgono le prime due domeniche, attraggono a migliaia di persone intorno alla Bàia della Concia. Nei paesi vicini le feste patronali offrono le multiple forme di sport autoctono —pelota basca (palla), tagliatori di tronchi, sollevatore di pietra, ecc..— con i quali passò il suo tempo libero durante molti secoli l'uomo basco.

La stagione estiva si chiude con l'avvenimento festivo e culturale più importante dell'anno: il Festival Internazionale Cinematografico di San Sebastiàn. Un Festival della categoria di quello di Berlino, Cannes, Venezia e Mosca.

Congressi e Fiere Commerciali si svolgono in autunno. La Fiera di San Tommaso, il 21 Dicembre, apre la porte alle feste natalizie. Nella Piazza della Costituzione si celebra una esposizione di prodotti agricoli e di bestiame. In alcune piazze della Parte Vecchia si montano banchi di vendita con prodotti artigianali e di attrezzi per il campo, o di formaggi, di chacolìes (vino asprigno della Spagna settentrionale) e del tradizionale panino con txistorra (salsiccia).

EDIFICI E MONUMENTI

A San Sebastiàn ci sono numerosi edifici di grande valore architettonico e storico. Elenchiamo i più importanti.

MUSEO DI SAN TELMO

L'attuale Museo di San Telmo fu fondato, in origine come convento dei Domenicani verso la prima metà del XVI secolo (1530-1550), dal Segretario di Stato di Carlos V. Alonzo di Idiaquez, e sua moglie Engrazia di Olazabal.

Il chiostro di stile rinascimento, é formato da colonne ed archi di mezzo punto e di una cripta crocifera. La planimetrìa della chiesa è a croce latina, con una ampliazione a forma di transètto, nella prossimità del presbiterio.

Durante tre secoli, l'edificio fu convento-residenza dei Padri Domenicani. Nel 1836 venne trasformato in Quartiere d'Artiglieria. Ed infine, nel secolo XX fu recuperato dalla città di San Sebastiàn e adattato a Museo Municipale. Il Comune acquistò il convento nel 1928, un edificio di 590 metri quadrati di pareti rappresentando ciò che era stata la chiesa. Incaricò la riforma al pittore Josè Maria Sert che in essa raccolse leggende e storia del Paese Basco, tra le quali figurano le gesta importanti realizzate dagli uomini di Guipùzcoa.

Nel Museo si trova un'importante collezione di stelle discoidale e varie sale addette all'archeologia, etnografia basca e pittura tradizionale moderna e contemporanea.

LA BASILICA DI SANTA MARIA

Si trova situata nel versante Sud del Monte Urgull. È considerata come la chiesa matrice o primigenia di San Sebastiàn. Sostituendo un altro tempio anteriore, la sua costruzione iniziò nel 1743 e terminò nel 1764. È di stile barocco con una lingitudine di 64 metri, 33 di larghezza e l'altezza totale nella sua cupola è di 35 metri. Nell'altare maggiore si venera la Vergine del Coro, patrona della città.

CHIESA DI SAN VICENZO

È considerato come l'edificio più antico di San Sebastiàn. Venne costruito verso la prima metà del secolo XVI di stile gotico, la torre non fu terminata. L'interno è ombrevole e bellissimo, con un alto presbiterio che ricopre un retablo, opera di Ambrosio di Bengoechea e Juan di Iriarte.

LA CATTEDRALE DEL BUON PASTORE

Innalzata nel centro di una grande piazza. Di stile ogivale, fu inaugurata nel 1897, opera dell'architetto Manuel Echave, e la maggiore delle chiese. La pianta dell'edificio è regolare e simetrica ed ha una superficie di 1915 metri quadrati.

IL MUNICIPIO, ANTICO CASINÒ

Alla fine della seconda guerra carlista, San Sebastiàn iniziò una evidente recuperazione economica. Si credette quindi che la costruzione di un Casinò fosse fondamentale per una città che incominciava ad essere di moda tra le stazioni turistiche d'Europa.

Il Municipio cedette settemila metri quadrati di terreno con la condizione che «in nessun momento si potesse destinare ad altro scopo che non fosse il Casinò». La costruzione durò tre anni e l'inaugurazione avvenne il primo Luglio del 1887.

A partire da allora, il Casinò fu il motore del progresso a San Sebastiàn. I più famosi politici, scrittori, finanzieri ed artisti, passarono per i suoi saloni.

Oltre che centro di gioco, il Casinò attuò come finanziatore di varie iniziative. Questo rese possibile la costruzione del Paseo Nuevo e del Parco di Alderdi-Eder. Lanciò alla fama anche l'ippodromo di San Sebastiàn che riunì le migliori scuderie d'Europa con premi milionari.

La proibizione del gioco avvenuta nel 1924, determinò la chiusura delle sale e di conseguenza indebolì le attività ricreative. Il 20 gennaio del 1947 il Municipio lasciò l'edificio della Piazza della Costituzione trasladandosi nel Casinò il quale segue essendo tuttavia Casa Concistoriale della città.

IL TEATRO VICTORÌA EUGENIA

Il Teatro Victoria Eugenia fu inaugurato alla presenza del Re e della Regina.

Analogo ad altri importanti teatri europei, il pavimento della platea del Teatro Victoria Eugenia è mobile in modo che volendo si può elevare al livello dello scenario. Questo permette, togliendo previamente le poltrone, celebrare feste e balli. Nell'1922 il teatro venne riformato con alcune modifiche nei palchi e nelle platee.

San Sebastiàn era, all'inizio di quel secolo, una stazione turistica di prestigio mondiale. Di conseguenza, passarono per la scene del Teatro, le più famose figure della musica.

I migliori artisti e spettacoli vennero offerti attraverso il Quindicinale Musicale donostiarra alla fine della guerra civile. Il Teatro Victoria Eugenia è nello stesso tempo, Palazzo del Festival Cinematografico, in modo permanente e continuo fin dall'inizio, nell'anno 1953.

Il Teatro Victoria Eugenia revirtiò al Municipio di San Sebastiàn nel 1983. Nel 1985 si iniziò una completa opera di restaurazione della facciata e dell'interno che permise la sua riapertura nello stesso anno.

PALAZZO E PARCO DI MIRAMARE

In una prima tappa (1887 a 1893) e, mentre si costruiva il Palazzo di Miramare, la Regina Cristina si alloggiò nella tenuta di Ayete, proprietà dei duchi di Bailèn. Il Palazzo di Miramare fu inaugurato il 19 Luglio del 1893. Di stile «Cottagge inglese Regina Anna». I giardini che circondano il Palazzo furono disegnati dal donostiarra Pierre Ducasse. Il Palazzo venne costruito integralmente con il peculio della Regina Regente che non volle aggravare l'economia di quella popolazione che d'estate l'accoglieva con tanto affetto.

Dopo la morte della Regina Maria Cristina, avvenuta nel 1929, il luogo conobbe una decadenza progressiva. Nel 1971 il Municipio acquistò l'edificio, i giardini si convertirono in Parco Comunale aperto al pubblico, ed il Palazzo venne utilizzato per recezioni e attività culturali.

La superficie totale della tenuta è di 34.136 metri quadrati, il Palazzo, formato dallo scantinato e tre piani, è di 5.600 metri quadrati.

PALAZZO E PARCO DI AYETE

Il Palazzo di Ayete fu costruito dal Duca e la Duchessa d Bailèn nel 1878, sopra l'area del che fu casale Ayete. All'inizio vi residirono in vesti di ospiti le più distaccate personalità dell'aristocrazia e della politica. In una colonna situata di fronte alla porta del Palazzo si può tuttavia leggere la data degli anni in cui il Re Alfonso XII e a Regina Maria Cristina vi alloggiarono: 1887, 1888, 1889, 1891, 1892, 1893. Fu in quest'ultimo anno quando si trasladarono al Palazzo di Miramare.

Il Palazzo di Ayete, come il Palazzo di Miramare, era l'edificazione singolare più preclara della città. Circondato da 74.400 metri quadrati di giardini, dove si trovavano ubicate le scuderie, la rimessa delle vetture, la serra, il torrione dell'acqua, il padiglione della servitù e due cappelle.

Nel 1939, il Municipio di San Sebastiàn comprò il Palazzo per offrirlo al Capo di Stato. In effetti, Ayete fu residenza del Generale Franco dal 1940 al 1975, servendo come sede durante l'estate per celebrare i Consigli dei Ministri del Governo Spagnolo durante quel periodo.

Il 20 Luglio del 1977 i suoi giardini vennero aperti al publico. Nell'estate del 1985 si effetuarono alcuni lavori nel Palazzo, accondizionandolo come luogo di ricevimento e residenza dei visitatori illustri.

L'edificio ha una base di 25 metri per 12, è di stile neoclassico conseguenza delle diverse modifiche esterne avvenute durante questi anni.

IL «PALAZZO DEL MAR» – ACQUARIUM

L'edificio denominato «Palazzo del Mar», conosciuto popolarmente come «Acquarium» fu inaugurato nell'anno 1928. È situato alle falde del Monte Urgull dove finisce il porto e vicino al Paseo Nuevo. La sua situazione sul bordo del mare, lo rende visibile da qualsiasi punto che circonda la bellissima bàia di Donostia.

Il Palazzo è di tre piani nei quali si trovano le tre sezioni o esposizioni principali: Nel piano terra, c'è l'Acquario, dove si esibiscono le numerose speci di fauna marina del litorale. Nella prima pianta, Il Museo Oceanografico, contenente sezioni di conchiglie, pesci, uccelli, alghe, crostácei, coralli ed altre collezioni di soggetti marini. Nella seconda, Il Museo Navale, descrive la storia Navale locale, diviso in quattro sezioni principali dedicate alla Pesca, Costruzione Navale, Porti e Commercio Marittimo, Cartografia e Nautica, Etnografia e biografia di marinai illustri.

GASTRONOMIA DONOSTIARRA

La gastronomia basca è una delle più variate e complete del mondo, le sue specialità riguardano il pesce, con una grande varietà, preparato in mille modi differenti. Questa cucina è caratterizzata dalla sua varietà, paragonata all'uniformità culinaria che ha invaso l'Europa.

La specialità più caratteristiche sono, il besugo (pagello) alla donostiarra, il merluzzo alla basca o in salsa verde, che viene adornato con asparagi, le almejas (telline) al prezzemolo; il centoglio (granchio grande), i cipironi (della familia dei calamari) cucinati con il loro liquido nero, le kokotxa, le angulas (avannotto d'anguille) e gli infiniti modi di preparare il baccalà.

Per accompagnare questi squisiti piatti, la provincia di Guipùzcoa (Guipùsca) produce un eccellente vino bianco chiamato ciacolì, dal gusto leggermente aspro, viene coltivato maggiormente a Guetaria.

Possiamo affermare che San Sebastiàn è il centro della gastronomia del Paese Basco. Ristoranti come «Arzak», «Akelarre» o «Nicolasa» figurano con la massima qualificazione nelle guide gastronomiche più prestigiose. A San Sebastiàn esistono moltissimi ristoranti di ottima qualità, la maggior parte di essi concentrati nella Parte Vecchia.

L'IPPODROMO DI SAN SEBASTIÀN

Durante la Grande Guerra del 1914, la Francia investì tutte le sue risorse economiche ed umane nel conflitto. Il «premier» Clemenceau proibì le corse di cavalli, considerandole un attentato all'ordine di austerità dettato durante la contésa. Fu allora quando Georges Marquet, uomo relazionato con il Casinò di San Sebastiàn, considerò che era giunto il momento di offrire ai purosangue ed alle scuderie francesi, l'opportunità di competere a San Sebastiàn. Per questo era indispensabile costruire un ippodromo urgentemente.

L'iniziativa fu accolta favorevolmente dal Municipio, che mise a disposizione dei promotori un terreno boscoso situato nel quartiere donostiarra di Zubieta. I lavori iniziarono immediatamente e finalizzarono dopo novè mesi e mezzo.

L'ippodromo di San Sebastiàn venne inaugurato il 2 Luglio de 1916, assistette all'atto il Re di Spagna Alfonso XIII con tutti i membri della sua Corte ed i Ministri del Governo.

Al terminare la Grande Guerra, le grandi scuderie tornarono in Europa. Però San Sebastiàn non si rassegnò all'idea che le sue corse di cavalli perdessero la categoria internazionale. E, nell'anno 1922 mise in palio un premio di 500.000 pesetas, uno dei premi più dotati nel mondo, l'equivalente a più di mezzo milione di dollari attuali. L'esito di quella competizione attirò, l'anno seguente, i leggendari colori del principe Aga Khan. Il suo debutto non poteva essere più fortunato vinse infatti il Gran Premio del 1923 con il cavallo «Niceas».

A partire da allora, durante sessant'anni consecutivi, l'ippodromo di Donostia-San Sebastiàn organizzò in inverno, in collaborazione con Madrid, le uniche carriere di cavalli che si svolgono in Spagna, le quali crearono nel frattempo molti affezionati tra la gente di San Sebastiàn.

Negli ultimi anni, il Municipio di Donostia-San Sebastiàn ha iniziato un'azione di evidente appoggio verso il suo ippodromo comunale. Costruendo nuove tribune e più box per i cavalli, migliorando anche tutte le installazioni complementari. Infine iniziò la riforma delle piste dotandole di tutti gli elementi indispensàbili per un perfetto svolgimento delle corse.

San Sebastiàn conta quindi due stagione di carriere: d'estate quella tradizionale, ogni anno sempre più estesa e quella d'inverno che iniziò per la prima volta nel 1986.

I DINTORNI DI SAN SEBASTIÀN

Il litorale di Guipuzcoa —provincia della quale San Sebastiàn è capitale— si estende lungo i 60 chilometri di rocce e spiagge di sabbia fina, con una serie di piccoli paesi marinari che hanno saputo conservare intatta attraverso il tempo, la loro peculiare fisionomia.

A continuazione menzioniamo alcuni paesi ai quali crediamo sia dovuta una visita.

FUENTERRABIA - HONDARRIBIA

Conserva parte della muraglia che difese la città dagli assedi ai quali fu oggetto durante i secoli, così anche il Castello di Carlos V, convertito in Paradore Nazionale (Albergo dello Stato) ed il Castello di San Telmo; del XVI sec. edificato per proteggersi dalle incursioni pirate. Possiede anche una estesa spiaggia nella foce del fiume Bidasoa, con molte possibilità di alloggiarvi.

PASAJES - PASAIA

Ognuno dei tre Pasajes possiede uno stile proprio: Pasajes Ancho, come porto commerciale, è uno dei più importanti di Spagna; Pasajes di San Pedro, dove radica una importante flotta peschiera e Pasajes di San Juan, con una unica via e stretta, è un paese singolare che offre uno speciale interesse al visitatore.

ORIO

A 20 chilometri da San Sebastiàn, è un piccolo paese di pescatori con una spiaggia situata tra l'estuario ed il monte.

ZARAUZ - ZARAUTZ

È una cittadina con un grande sviluppo turistico, sono state construite recentemente importanti urbanizzazioni con numerosi appartamendi. I suoi monumenti più interessanti sono: Torre Lucea, il Palazzo di Narros e la Chiesa parrocchiale. Possiede un'amplia spiaggia, giardini e villette. Dispone anche di un campo da Golf.

GUETARIA - GETARIA

A 30 chilometri da San Sebastiàn, a Guetaria nacque Elcano, il primo navigatore che fece il giro del mondo. La chiesa di San Salvatore, del XIV sec., è una delle tante attrazioni che offre questo luogo, considerato uno dei più belli del Cantabrico.

ZUMAYA - ZUMAIA

È una città di villeggiatura, con due estese spiagge. È notevole la sua chiesa parrocchiale di stile gotico, ed il Museo di Zuloaga, con importanti opere d'arte.

DEVA - DEBA

Possiede una grande spiaggia aperta, ed anche diversi alberghi. La sua chiesa parrocchiale è di stile gotico.

MOTRICO - MUTRIKU

Si trova nel limite con la provincia di Vizcaya. Dentro il suo termine municipale si trova la meravigliosa spiaggia di Saturràràn. È uno dei principali porti pescherecci di Guipùzcoa.

SANTUARIO DI LOYOLA

Un itinerario consigliabile per effettuare questa escursione è la costa fino a Zumaya e da quì, dirigersi a Loyola, il ritorno si può effettuare passando per Règil e Tolosa. Il Santuario é eretto nella casa avita di San Ignazio di Loyola, fondatore della compagnia di Gesù.

OÑATE E ARÀNZAZU

Oñate è una città storica con uno straordinario valore artistico-monumentale, con la sua università, la sua chiesa e numerose torri e case feudali. A nove chilometri da Oñate si trova il santuario di Arànzazu, dedicato alla patrona di Guipùzcoa. È un edificio con una struttura architettonica ardita, ubicato in un agreste paesaggio di pietra e rocce.

42

Alderdi Eder parkea
Plymouth-Donostia estropada. Belauntzi baten etorrera

Parque de Alderdi Eder
Regata Plymouth-San Sebastián. Llegada de un velero

Alderdi Eder Park
San Sebastian-Plymouth Regatta. Arrival of a sailing boat

Su-Ziriak
Donostiako itsas-ertza

Fuegos Artificiales
El litoral de San Sebastián

Fireworks
Coastline of San Sebastian

Miramar jauregitik bi ikusmira
Dos vistas del Palacio Miramar
Two views of Miramar Palace

Miramar jauregitik uhartea
La isla desde el Parque de Miramar
The island viewed from Miramar Palace

Lorategiak: 1, 2, 3, Aieten. 4, Boulevard.

Jardines: 1, 2 y 3 en Ayete. 4, el Boulevard.

Nos. 1, 2 and 3 - Ayete Gardens. No. 4 - Boulevard Gardens.

1

2

3

4

FOTO: JOSE IGNACIO ARZADUN

Cristina Enea Parkea
Parque de Cristina Enea
Cristina Enea Gardens

Igeldorako funikularra
Windsurfa badian

Funicular a Igueldo
Windsurf en la Bahía

The Funicular Railway to Igueldo
Windsurfing in the Bay

FOTO: JOSE IGNACIO ARZADUN

aitza
aizearen Orrazia» eskultura, Txillidarena

mporal
cultura «Peine del viento», de Chillida

torm
e Comb of the Winds» a group by Chillida

1 Maria Cristina Hotelaren ondoko
  lorategiak
2 Pio XII Plaza
3 Udaletxea
4 Kontxa Pasealekua

Basílica de Santa María
1 Jardines junto al Hotel María Cristina
2 Plaza de Pío XII
3 El Ayuntamiento
4 Paseo de la Concha

The Basilica of Saint Mary
1 The Gardens next to the Maria
  Cristina Hotel
2 Pio XII Circus
3 The Town Hall
4 The Concha Promenade

3   4

Udatelexea. Garai bateko Kasinoa
El Ayuntamiento. Antiguo Casino
The Town Hall. Formerly the Casino

Gipuzkoa Plaza eta Diputazioaren
Etxea
Miramar Jauregia

Plaza de Guipúzcoa y edificio de la
Diputación
Palacio de Miramar

Guipuzcoa Square, with the County
Council Building
Miramar Palace

Gipuzkoa Plaza
Victoria Eugenia Antzokia

Plaza de Guipúzcoa
Teatro Victoria Eugenia

Guipuzcoa Square
The Victoria Eugenia Theatre

Artzai Onaren Katedrala
San Bizente Eliza
Udaletxea
Victoria Eugenia Antzokia

Catedral del Buen Pastor
Iglesia de San Vicente
Ayuntamiento
Teatro Victoria Eugenia

The Good Shepherd Cathedral
The Church of Saint Vincent
Town Hall
The Victoria Eugenia Building

FOTO: ANTONIO ARRIETA YARZA

FOTO: ANTONIO ARRIETA YARZA

Fatxadaren detailea. Santa Maria Basilika
Ehunurteurrena Plaza. Maria Cristina Erriginari
oroitarria
Ondarretako lorategia
Aieteko Jauregia

Detalle de fachada. Basílica de Santa María
Plaza del Centenario. Monumento a la Reina María
Cristina
Jardines de Ondarreta
Palacio de Aiete

The façade (detail). The Basilica of Saint Mary
Centenario Square. Memorial to Queen Maria Cristina
Ondaretta Gardens
Ayete Palace

Maria Cristina Hotela eta Victoria
Eugenia Antzokia

Hotel María Cristina y Teatro Victoria
Eugenia

The Maria Cristina Hotel and Victoria
Eugenia Theatre

Miramar Jauregia
Victoria Eugenia Antzokia

Palacio de Miramar
Teatro Victoria Eugenia

Miramar Palace
The Victoria Eugenia Theatre

San Telmo Museoa
Museo de San Telmo
The San Telmo Museum

Akuarium
Aquarium
The Aquarium

Akuarium
Kirolen Udal Palazioa

Aquarium
Palacio Municipal de Deportes

The Aquarium
The Municipal Sports Pavillion

Okendoren Etxea
Inglesen hilerria

Casa de Oquendo
Cementerio de los ingleses

The house of Oquendo
«The Cemetary of the English»

Kaia
El Puerto
The harbour

75

Urumea ibaia
Río Urumea
The Urumea River

Jaiak Donostian
Fiestas en San Sebastián
Festivities in San Sebastian

FOTO: PEDRO MINGO ANSOTEGUI

Estropadak
Txillida eskultorea
Oteiza eskultorea

Regatas de traineras
El escultor Chillida
El escultor Oteiza

Regattas
Chihllida, the sculptor
Oteiza, the sculptor

FOTO: LAUREANO MATIAS

Herri Kirol eta Folklorea
Deporte y Folklore Vasco
Basque Sport and Folklore

FOTO: V. CAMPUZANO

Sagardoa probatzen
Kasinoa
Donostiako Hipodromoa

Probando sidra
El Casino
Hipódromo de San Sebastián

Sampling cider
The Casino
The San Sebastian Racecourse

Donostiatik txangoak
Excursiones desde San Sebastián
Excursions from San Sebastian

Getari
Zarautz
Hondarribi

Guetaria
Zarauz
Fuenterrabía

Loiolako Basilika
San Salbatore Eliza (Getarian)
Baserrian
Hegoaldeko mendiak

Basílica de Loyola
Iglesia de San Salvador (Guetaria)
Caserío
Las montañas del Sur

The Basilica of Loyola
The Church of Sain Saviour (Guetaria)
A house in the country
The mountains of the South